# Reflexiones ambientales

U

© Fernando Nájera García-Segovia, 2018

Depósito Legal: AB 397-2018
I.S.B.N.: 978-84-17487-37-9
Impreso en España

**UNO**
**EDITORIAL**

unoeditorial.com
info@unoeditorial.com

# Reflexiones ambientales

Fernando Nájera García-Segovia

U

Dedico esta recopilación de artículos a la memoria de mi madre, Elena, quien durante nuestros paseos por el campo, nos enseñó, a mis hermanos y a mi, a analizar la sociedad en la que vivíamos con un espíritu tan crítico como constructivo.

# ÍNDICE

# PRÓLOGO

Hace tan sólo 30 años, las inquietudes "ecologistas" eran cosa de ciertas organizaciones como *Green Peace* y "cuatro" pioneros. Los llamados ecologistas eran vistos con desconfianza, como una especie de índole subversivo. Sin embargo, muy pocos años después, se hizo evidente que no hay verdadero desarrollo ni prosperidad si no se tiene en cuenta el impacto que la actividad económica tiene, a medio y largo plazo, sobre el medio ambiente. Desastres como la rotura de la presa de Aznalcóyar han revelado que los miles de millones de euros que ha costado reparar el daño ambiental causado por la empresa Boliden no son compensados, ni de lejos, por las migajas de "riqueza" que pudo producir esa actividad minera. Menos mal que este y otros acontecimientos similares han tenido la virtud de concienciar a toda la sociedad sobre esta cuestión.

Esa es la buena noticia: la sensibilidad por nuestro entorno se ha incrementado notablemente; lo malo es que, al ser un tema tan complejo, muchas veces nadie sabe cómo abordarlo correctamente. Además, para muchas empresas y responsables políticos el argumento ambiental es una mera forma de hacer marketing. Detrás de muchos etiquetados "respetuoso con el medio ambiente" lo que hay es, a lo sumo, procesos productivos menos nocivos o no tan agresivos. Y desde el punto de vista político, en ocasiones, lo que se esconde es una manera descarada de hacer demagogia y postureo, siempre desde la más completa ignorancia sobre este tema, del que, por desgracia, hay poca y muy parcial información.

Como ejemplo lamentable de esto, les puedo hablar de un pueblo de la Sierra de Madrid, de cuyo nombre no quiero acordarme. Me comentaba el alcalde, que es amigo mío, que había dado permiso a algunos vecinos, con pocos recursos, para ir al monte público a recoger piñas y leñas caídas con las que poder calentarse en invierno. Esta autorización tenía una doble virtud: ayudar a los más desfavorecidos y limpiar los montes de maleza, de cara a la campaña estival contra incendios. La oposición puso el grito en el cielo, arguyendo que se alteraba la esencia de los montes, y el alcalde tuvo que dar marcha atrás, para perjuicio de todos. Esa oposición ni es ecológica ni es social. Pensando bien, se puede decir que peca de ignorancia. Pensando mal que es obscenamente oportunista e hipócrita.

Por ello, creo que es imprescindible que la gente esté más y mejor informada en estas cuestiones. En este sentido, el autor de *Reflexiones Ambientales* ha vivido, desde su niñez, el medio ambiente en primera persona tanto para disfrutar de la naturaleza en todo su esplendor como para sufrir e incluso combatir sus múltiples problemas y amenazas: desde enfrentarse a las llamas de un incendio forestal a ver cómo un río se vuelve rojo por los vertidos de una planta química. También ha sido testigo de la vida en el medio rural que, dicho sea de paso, sigue siendo una fuente formidable de puestos de trabajo, así como una actividad que modela los paisajes y escenarios en los que nos movemos y existimos. Él sabe bien que Naturaleza no es sólo el Parque Nacional que todos admiramos, sino también los pinares resineros, los prados de montaña, el campo de cereales que alimenta a nuestros ganados o las dehesas de encina que sustentan importantes capítulos de nuestra economía como pueden ser, entre otros, el del cerdo ibérico o el de la actividad cinegética; por no hablar de que son el verdadero santuario de nuestras especies más valiosas como el lince, el águila imperial, el búho real o la nutria.

Estas vivencias le han obligado a plantearse la cuestión ambiental en unos términos, realistas y omnicomprensivos, que abarcan inquietudes utilitaristas como revitalizar los pueblos o estimular el turismo interior, de modo que no se quede en la epidermis costera de la península ibérica. Pero también tiene en cuenta aspectos importantes para la humanización de nuestra sociedad como la belleza, la armonía y la paz que emana de la Madre Naturaleza. Está de moda ser "ecologista", "conservacionista" "animalista" y no se cuantos más "istas". Pero lo que no es tan frecuente, desafortunadamente, es un abordaje ecuánime y realista del medio ambiente. Por desgracia, abundan los nuevos conversos que sólo son capaces de ver una sola faceta de una realidad tan poliédrica como ésta. Están a la orden del día las hordas de ignorantes que agreden a todos aquellos que gestionan los recursos naturales, sin tener en cuenta que son ellos los que fijan población al medio rural y contribuyen a preservar el equilibrio conseguido a lo largo de la historia entre el ser humano, la fauna y la flora. En el extremo contrario no faltan los listillos dispuestos a hacer negocio a costa de la herencia biológica de nuestros nietos.

El autor busca, sinceramente, el equilibrio entre ambos extremos. Punto medio, que como definió Aristóteles, es donde se haya la virtud. No obstante, hay que reconocer que es casi imposible acertar plenamente a encontrar este lugar ideal, pero, al menos, hay que intentar acercarse a él. Por ello, recomiendo vivamente

14

la lectura de estas reflexiones ambientales que arrojan mucha luz sobre tan compleja cuestión que, por otra parte, es abordada con un lenguaje ágil, ameno y comprensible.

Ignacio Nájera García-Segovia.
Torrelodones a 6 de mayo de 2018

# INTRODUCCIÓN

Corría el mes de septiembre de 2010, comenzaba mi segundo curso como director del máster profesional de ingeniería y gestión ambiental de la Escuela de Organización industrial (EOI), y los responsables de los diferentes programas formativos habíamos recibido instrucciones y formación para llevar a cabo una pequeña revolución que se basaba en cuatro ejes estratégicos: el emprendimiento, la tecnología, la internacionalización y la sostenibilidad. Estos a su vez confluían e informaban un modelo propio que giraba en torno a tres pilares: el aprendizaje en movilidad, apoyado con el uso de tabletas; aprender haciendo a través de proyectos; y la educación expandida, basada en el empleo de plataformas de comunicación abiertas, el uso de las redes sociales y los blogs.

Vencido el vértigo de los primeros momentos, y una vez asumida la nueva filosofía y comprendido el funcionamiento de esas nuevas herramientas, hubo que superar el miedo escénico que producía poner en marcha aquella nueva filosofía que conllevaba, en gran medida, hacer público gran parte de las cosas

17

que hacíamos o pensábamos, vertiéndolas sobre la red.

Superé pronto el temor y comencé a publicar mis primeros artículos, en principio más o menos asépticos y descriptivos, sobre temas ambientales en los que la opinión, si bien aparecía, no era en absoluto descarnada, sin embargo, su elaboración suponía horas de preparación, sometiendo los diferentes borradores a la crítica de los que tenía más a mano quienes me escuchaban con disimulada impaciencia.

Con el discurrir del tiempo, y a medida que las contribuciones a mi blog se iban pudiendo contar por docenas, me fui soltando y los temas se fueron haciendo más variados y comprometidos, pero sobre todo más espontáneos. Recuerdo cómo las ideas surgían en cualquier momento, enredándose entre mis neuronas, de modo que mientras conducía camino del trabajo o paseaba al perro iba hilvanando mentalmente nuevos artículos.

Con el paso de los meses, fui adquiriendo más destreza en la elaboración de estos artículos, me fui atreviendo a abordar un elenco mayor de asuntos y a difundirlos en ámbitos más amplios, rebasando muchos de aquellos artículos la frontera del Blog, volviendo a ver la luz en publicaciones tradicionales en soporte papel y en otras de naturaleza digital, además de navegar por las diferentes redes sociales.

Llegó un momento en el que eran tantas las publicaciones y tan diversos los medios en los que vieron la luz, que me propuse agruparlas todas, pero cuando terminé esa primera recopilación, me percaté de la heterogeneidad del material y llegué a la conclusión de que debería dividir ese trabajo, al menos, en tres categorías. Una primera que es el objeto de esta obra compuesta por los artículos que hacen referencia directamente a temas ambientales y de sostenibilidad, otra segunda que aglutinará, en su día, mis reflexiones sociológicas y una tercera con las entrevistas llevadas a cabo en estos últimos años.

En este primer volumen, se hace un recorrido por los temas ambientales que fueron suscitando mi interés a lo largo de estos años. Comencé con un homenaje a Félix Rodríguez de la Fuente, precursor de la defensa de la naturaleza en España e inspirador de toda una generación de profesionales ambientales, continué reflexionando sobre los conceptos que se barajaban en aquellos momentos y terminé por opinar sobre todo aquello que, relacionado con el entorno, pasaba por delante de mí. Traté siempre de hacer una crítica no sólo constructiva y conciliadora con el progreso, sino que también lo más alejada posible de los aspectos más coyunturales y con propósito, por el contrario, de permanencia. Todo ello con objeto de encontrar un punto de equilibrio en el que, tratando de poner en primer lugar la defensa del entorno, no se comprometiera el progreso y el desarrollo económico y que éste retroalimentase, a su vez, la defensa ambiental.

# 1
# LOS ALBORES
# DE LA CONCIENCIACIÓN AMBIENTAL

Hace ya 30 años que murió Félix Rodríguez de la Fuente y, con él, acabó el primer capítulo de la concienciación ambiental en España.

Félix fue un ambientalista desde que nació en 1928 en Poza de la Sal, provincia de Burgos, y se dormía en su cuna con el aullido del lobo como música de fondo. Su infancia trascurrió en el medio rural donde se empapó de naturaleza, introduciendo en casa todo tipo de "bichos", incluso adoptó un zorro. En su juventud, además de estudiar medicina, recuperó el noble arte de la cetrería, afición que no abandonaría nunca y que simultaneó con la jefatura de una manada de lobos.

Sin embargo, no fue hasta mediados de los años 60 cuando apareció en TVE y cautivó a todos los españoles con un breve espacio televisivo en el marco de un programa de caza y pesca. Con el paso del tiempo, vinieron programas propios, aunque con material prestado, como "Fauna", más tarde "Planeta azul" y luego el archiconocido "El hombre y la tierra". Simultáneamente dirigió la enciclopedia "Fauna" y emitió casi cuatrocientos programas de radio.

Pero con independencia del interés que pueda suscitar su biografía, que podéis leer en el libro de Benigno Varillas, de lo que no cabe duda es de que los cimientos de la concienciación ambiental en España los sentó él, y gran parte de los profesionales de referencia en este ámbito fueron discípulos suyos e, incluso, muchos hemos elegido ser lo que somos por influencia suya.

Ahora bien, si nos preguntasen a cualquiera de nosotros por Félix y su obra, casi todos conoceríamos sus esplendidos reportajes televisivos e incluso su obra impresa, ¿quién no ha visto en casa de un familiar la enciclopedia Fauna o sus Cuadernos de Campo? Sin embargo, no demasiada gente sabe que todas las semanas tenía un programa en la radio, primero *La Aventura de la Vida* y posteriormente *Objetivo Salvar la Naturaleza*, en los que, hace ya más de 35 años, se abordaban temas que, todavía hoy, son de plena actualidad, como la contaminación, la energía nuclear, la reforestación, los herbicidas, la ecología, etc.

20 OCT 2010

# 2
# RESPONSABILIDAD SOCIAL CORPORATIVA (1)

La gestión de las empresas ha girado tradicionalmente en torno a su componente económico-financiero, siendo la función primordial de los administradores la consecución del mayor rendimiento monetario de la organización, respondiendo de su actuación, casi exclusivamente, ante sus accionistas.

Sin embargo, desde hace ya varias décadas se han ido introduciendo en esa gestión diferentes conceptos como: la Calidad, íntimamente relacionada con el cliente; la Prevención de Riesgos Laborales, claramente ligada a los trabajadores; o el Medio Ambiente, cuyas implicaciones abarcan no sólo al entorno físico más inmediato, sino también a amplios sectores sociales.

La asunción de estas nuevas variables, por parte de las sociedades modernas, ha dado lugar por un lado a un importante, aunque desigual, desarrollo normativo tanto en el ámbito regulado como en el voluntario por parte de los Estados y otras entidades supranacionales, y por otro a una fuerte concienciación social, existiendo entre ambas un considerable fenómeno de retroalimentación.

Y como consecuencia de este fenómeno bidireccional de concienciación, se ha venido gestando un nuevo modelo de gestión empresarial, todavía en evolución, en el que no basta el criterio basado en el rendimiento económico, sino que se han de asumir otros basados en la Calidad, la consideración de los trabajadores, el respeto al Medio Ambiente y algunos más que, aunque muchas veces pudiera parecer que no tienen identidad propia y son desarrollo de los anteriores, también se deben tener en cuenta ya que todos juntos van a conformar lo que, de forma habitual, se conoce ya como Responsabilidad Social Corporativa (RSC), Responsabilidad Social Empresarial (RSE) o simplemente Responsabilidad Corporativa (RC).

Para concluir esta primera entrega, quiero hacer referencia a lo que entiende la Comisión Europea por RSE, que no es otra cosa que *la integración voluntaria por parte de las empresas de las preocupaciones sociales y medioambientales en sus relaciones comerciales y las relaciones con sus interlocutores*, ya que tomando como excusa esta definición iremos analizando y completando en sucesivos artículos lo que a nuestro juicio es, o mejor dicho debe ser, la RSE.

11 DIC 2010

# 3

# RESPONSABILIDAD
# SOCIAL CORPORATIVA
# (2)

Es obvio que una empresa que quiera ser Socialmente Responsable debe asumir, junto a la dimensión Económica que la define, un compromiso social y otro medioambiental, y que en consecuencia debería presentar una triple cuenta de resultados en la que se contemplasen las tres dimensiones anteriores, en relación con cada una de las cuales merecen ser hechas algunas consideraciones:

- Respecto al pilar económico, nadie duda de que la razón de ser de la empresa es crear riqueza. Sin embargo, esto ha de interpretarse en un marco más complejo en el que esté contemplada la innovación, puesto que ésta contribuye a que la organización sea más competitiva, permanezca en el mercado y por tanto genere valor. Además, la actividad económica se debe desarrollar en el marco de la libre competencia, con lo que esto significa en cuanto a la más eficaz asignación de recursos y el crecimiento de la economía en general.

- En cuanto al componente social, éste tiene su origen en el cumplimiento estricto de la legislación laboral, de modo que los trabajadores tuvieran garantizadas unas condiciones dignas de trabajo, pero a medida que se conformaba el concepto de RSE, éste se ha ido ensanchando, incluyendo aspectos como la gestión del capital humano, la adaptación al cambio, la formación o la información.

Por otra parte, el elenco de actores sociales contemplados ha ido ampliándose a otros ámbitos. Así, los proveedores, los clientes, los inversores, los consumidores, en su acepción más generosa o las propias Administraciones Públicas han pasado a ser, si no interlocutores directos de las empresas, sí entes tenidos en cuenta a la hora de tomar decisiones y transmitir la información.

Más tarde, en un estadio posterior, se han ido asumiendo aspectos que a primera vista pudieran parecer ajenos a la empresa, como los derechos humanos o los problemas de seguridad y salud en las empresas colaboradoras, traspasándose en muchas ocasiones el ámbito nacional y estableciéndose cauces de comunicación con organizaciones que operan a nivel mundial. También entraría dentro de este apartado la llamada acción social a favor de los sectores más desfavorecidos tanto del entorno en el que se desenvuelve la actividad de la empresa como en otras regiones del planeta.

Con objeto de abordar de una manera sistemática esta dimensión social, existen normas como la SA 8000, la OHSAS 18000 o la SGE 21, cada una de ellas con un alcance distinto.

- Por lo que respecta al Medio Ambiente, no se puede concebir una empresa sostenible si ésta no es respetuosa con el entorno en el que desarrolla su actividad, para lo cual no basta con cumplir la legislación, sino que es necesario que añada valor y asuma compromisos que informen la globalidad de sus acciones. Además, los aspectos ambientales no se pueden circunscribir al ámbito geográfico, más o menos amplio, en el que radican sus instalaciones, sino que se deben tener un carácter universal.

Las empresas socialmente responsables deben, de alguna forma, asumir una filosofía de mejora continua y tratar de que sus procesos sean cada vez más eficientes y sus productos menos agresivos, intentando reintegrar a la sociedad, al menos, parte de los beneficios que ha conseguido gracias a ella. En esta línea, puede ser de gran ayuda la implantación de sistemas de gestión ambiental como la ISO 14000 o el Reglamento Europeo EMAS.

17 DIC 2010

# 4
# RESPONSABILIDAD
# SOCIAL CORPORATIVA
# (3)

Una vez analizados los diferentes componentes de la RS y cuando lo que importa es la puesta en marcha de esta "filosofía", considero que nos deberemos mover en un ámbito voluntario que nos proyecte más allá del mero cumplimiento de la legislación. Cumplir con la ley es lo que se espera de todos, por eso las organizaciones socialmente responsables no se deben conformar con eso y deben asumir mayores compromisos.

Además, esos compromisos tienen que ser asumidos e impulsados por las cúpulas de las organizaciones y transmitirse de forma transparente tanto en el seno de las mismas como del resto de los agentes sociales involucrados, de modo que todos estén en disposición de evaluar las acciones llevadas a cabo, ya que en caso contrario se corre el riesgo de que la RS se vea simplemente como una herramienta de marketing.

La manera de dar a conocer a la sociedad la labor que se está haciendo en esta materia es mediante la publicación de un informe, bien normalizado, como puede ser el propuesto por una entidad independiente como es GRI, bien elaborado por la propia empresa con un resumen de todas las acciones llevadas a cabo pero, con ser interesante esto, no podemos olvidar que lo verdaderamente importante es que la organización haya asumido en su gestión esta filosofía y que ésta esté en disposición de informar todo el funcionamiento de la compañía.

No obstante, de la voluntariedad antes predicada no se debe entender que las Administraciones Públicas no tengan nada que decir en esta materia, por el contrario, el papel de éstas es fundamental en tanto que deben ser las responsables de crear un marco que favorezca y, en cierta medida, tutele el desarrollo de la RS y la dote de la máxima credibilidad.

Por último y a modo de resumen, se puede decir que la RS es una herramienta de gestión empresarial que, como tal, debe ser considerada desde el principio dentro de la gestión general de la empresa, resultando su implantación más que un coste una inversión, ya que ayuda a controlar los riesgos ligados a la actividad de la organización y se puede traducir a medio plazo en una ventaja competitiva al propiciar nuevas oportunidades de negocio, ampliando el mercado y mejorando la reputación que, dicho sea de paso, se está convirtiendo en uno de los activos más importantes de las empresas.

26 DIC 2010

## 5

## MEDIO AMBIENTE,
## AGUA Y CRISIS ECONOMICA

En un país relativamente seco, como es España, nuestros ríos son las arterias que reparten la vida por páramos, estepas y vegas. Sin embargo, los cauces y embalses por los que discurren sus aguas se llegaron a convertir, en muchas ocasiones, en cloacas a través de las cuales se distribuía la muerte y la destrucción.

Ante esta situación, y sobre todo a partir de nuestra incorporación a la entonces Comunidad Económica Europea, se empezaron a tomar medidas, de todo tipo, tendentes a que esas fuentes de vida lo siguieran siendo.

En este sentido, es de justicia destacar la tarea llevada a cabo tanto por el Ministerio de Medio Ambiente como por cada una de las diferentes Confederaciones Hidrográficas en la vigilancia de la calidad de las distintas masas de agua, tanto superficiales como subterráneas, lo que ha permitido a lo largo de las últimas décadas saber, como mínimo, cuál es el estado de nuestros ríos, embalses y acuíferos, y tomar las medidas oportunas para su conservación y mejora.

Sin embargo, cuando parece que se tienen las cosas más o menos controladas, nos sobreviene una crisis económica que podría llegar a poner en peligro el trabajo desarrollado por lo menos en el último cuarto de siglo, ya que si se relajara el cuidado de las diferentes cuencas que jalonan nuestra geografía, podríamos retrotraernos a situaciones ya superadas hace muchos años y de las cuales, en el mejor de los casos, nos costaría un esfuerzo ímprobo salir, porque ¿cómo recuperamos un acuífero contaminado o un ecosistema fluvial desaparecido?

Por tanto, es imprescindible seguir controlando los vertidos, analizar la composición química del agua, asegurar los caudales ecológicos, estudiar la biota y en definitiva mantener vivo ese sistema arterial, un tanto isquémico, que tenemos.

Por eso, los responsables políticos deberían tener en cuenta que "ahorrar" en estos temas supone tirar por la borda lo hecho hasta ahora y colocar en una situación de partida muy complicada a quien tenga que retomar esta tarea en el futuro, y ante tal perspectiva hay que pararse, pensar y asignar los recursos de la manera más eficiente posible, que en este caso sería también social y ambiental y por ende sostenible.

31 DIC 2010

# 6

# SEGURIDAD JURÍDICA
# Y SOSTENIBILIDAD

Los diferentes ordenamientos jurídicos no están constituidos únicamente por normas de diferente rango como son las Leyes, los Reales Decretos, los Decretos o las Órdenes Ministeriales, si no, que además, vienen inspirados por una serie de principios que los informan y completan.

Uno de esos principios, universalmente reconocidos, es el de la Seguridad Jurídica que en el caso español viene contemplado en el artículo 9.3 de la Constitución del 78 que *grosso modo* viene a garantizar que el marco legal de las personas físicas o jurídicas va a ser estable y no va a ser modificado arbitrariamente.

Esta certeza en la claridad y estabilidad del ordenamiento jurídico, íntimamente ligada con otro principio como es el de la irretroactividad de la ley, es lo que inspira confianza en los diferentes agentes económicos, nacionales o extranjeros, que al estimar que las condiciones no van a cambiar, por lo menos a medio plazo, pueden decidir invertir sus recursos en esos mercados.

En el marco de la política energética española, esta situación de confianza se ha visto quebrada ya, puesto que el Real Decreto Ley 14/2010 recorta las primas para obtener energía fotovoltaica afectando incluso a las instalaciones ya existentes, contradiciendo al Real Decreto 661/2007 que establecía una remuneración fija para toda la producción de las plantas solares a lo largo de todo su ciclo de vida y, por si fuera poco, esta situación de confusión se ve agravada por el incremento de ayudas al carbón nacional.

Como consecuencia de esto, la sociedad se ha sentido engañada y comienza a dudar de los mensajes de los responsables públicos, desvinculándose emocionalmente de esas corrientes de pensamiento y dejando de colaborar. Con ser esto importante, no lo es menos la desafección de aquellos que, habiendo apostado por esas líneas de actuación, ven alteradas las reglas de juego y se ven obligados a desinvertir; por no hablar del alejamiento definitivo de los que en algún momento se plantearon acercarse a este mercado.

Por todo ello, se hace cada vez más necesario llegar a un acuerdo nacional entre las diferentes fuerzas políticas en la definición de un mix energético español en el que se compatibilicen los intereses ambientales de no contaminación, los sociales de mantenimiento de puestos de trabajo y los económicos que permitan una tarifa competitiva, para que en su virtud se establezca un marco de inversiones, ayudas y subvenciones que anime a todos los agentes relacionados a involucrase en su consecución.

De lo contrario, tendremos una tarifa cara, un Medio Ambiente sucio y una sociedad desconfiada, lo opuesto a la pretendida economía sostenible.

15 ENE 2011

# 7
# MODELO SOCIAL Y ENTORNO

En los últimos años, cada vez son más abundantes las noticias en las que podemos constatar avances esperanzadores en multitud de frentes relacionados con el Medio Ambiente y la Sostenibilidad. No pasa una semana sin que se nos informe de las mejoras en el rendimiento, la autonomía y en general la viabilidad de los coches eléctricos; tampoco hay que investigar mucho para toparse con algún trabajo que nos ilustre sobre los avances relativos a la eficiencia energética de los futuros hogares; cada vez hay más porcentaje de nuestro territorio bajo alguna figura de protección; proliferan los foros en los que se debate la conciliación de la vida familiar y laboral y multitud de empresas se certifican en este sentido; las fábricas adoptan procesos menos contaminantes, y así sucesivamente.

No obstante la bondad de todas las consecuciones más arriba mencionadas, si reflexionamos un poco, lo que estamos haciendo no es otra cosa que tratar de prorrogar el actual modelo socio económico permitiéndole pervivir un poco más, de modo que en nuestros hogares ahorraremos en calefacción, los automóviles que utilicemos contaminarán menos y podremos recoger a nuestros hijos del colegio más a menudo, sin embargo, y a pesar de todos estos avances, seguiremos viviendo a dos horas de nuestro trabajo, continuaremos haciendo poca vida familiar y para disfrutar de la naturaleza nos deberemos trasladar a un "parque temático" en el que nos explicaran sus excelencias desde un "vehículo ecológico".

Pero, ¿queremos esto realmente?, ¿deseamos prorrogar la vida de este modelo?, ¿o por el contrario preferimos encajar todas estas piezas del rompecabezas en un esquema nuevo y superador del actual?

Yo, personalmente, creo que, lo queramos o no y gracias a los avances que se están produciendo, vamos silenciosamente hacia otras formas de organización social que nos permitirán vivir mejor y poder competir con las economías emergentes a la vez que nos liberamos de muchas de las actuales servidumbres.

En este sentido, y aun siendo consciente del grado de utopía que puedan contener estas consideraciones, me atrevo a pensar que las tensiones y contradicciones que ya se están dando en relación con el uso del territorio nos tienen que llevar poco a poco a superar esta situación caracterizada por la asignación de compartimientos estancos a los diferentes usos del mismo. No es lógico que haya ciudades para dormir, ciudades para trabajar, ciudades para el ocio y parques de naturaleza, cuando en la mayoría de los casos no debería haber ningún problema en que el trabajo, la residencia y la naturaleza convivieran. Sin embargo, en la actualidad tenemos una nación con media docena de aglomeraciones urbanas, varias docenas de reservas naturales y el resto del país casi vacío, subvencionado y con serios problemas de viabilidad.

Por otra parte, la organización del trabajo también se irá reorientando, ya que no será necesario medir el desempeño de las personas por las horas que pasen en una oficina, porque el uso cotidiano de las telecomunicaciones, el trabajo por objetivos y la asunción de mayores cuotas de responsabilidad por parte los trabajadores permitirá desarrollar una labor profesional mucho más eficiente sin tener que acudir diariamente a centros de trabajo distantes, lo que ahorrará tiempo y dinero en beneficio de la empresa y los trabajadores.

En definitiva, los estrangulamientos del modelo actual nos deberán llevar a abandonar ciertas inercias y empezar a aprovechar recursos hasta ahora poco utilizados y liberar otros de las presiones a que se ven sometidos, sobre todo en determinadas zonas urbanas. Ahora bien, esta tendencia deberá ser facilitada y tutelada por la Administración, puesto que al ejercer una influencia tan fuerte sobre la ordenación del territorio y el mercado laboral puede favorecer o dificultar este proceso.

22 ENE 2011

# 8

# QUIEN CONTAMINA PAGA
# Y ¿QUIEN CONSERVA?

El principio de que "quien contamina paga", desde que fue inicialmente acuñado en 1972 por la OCDE y posteriormente asumido por la entonces Comunidad Económica Europea y más tarde por la cumbre de Río de 1992, se ha ido configurando no sólo como uno de los principales elementos inspiradores de los Derechos más avanzados, sino que también ha ido calando en el acervo jurídico y cultural de todas las sociedades avanzadas, aquellas que no sólo se tienen que preocupar de subsistir.

Además, en muchos países, este principio se ha incorporado al derecho positivo al reflejarse en normas nacionales concretas y ser aplicado por las diferentes instancias judiciales. Por otra parte, ha sido reforzado, sobre todo, a partir de la aprobación de la Directiva 2004/35/CE y su consiguiente trasposición por la Ley 26/2007 de 23 de octubre, de responsabilidad medioambiental, ya que con esta norma no basta con la obligación, más o menos genérica, de pagar por contaminar, sujeta a una incierta demostración de la relación causal, sino que ahora aparece la obligación de reparar el daño y devolver a su estado inicial el recurso alterado, con la particularidad de que en muchos casos esa responsabilidad es objetiva.

Hasta aquí no hay demasiada controversia. A muy pocos les parece bien que determinados sectores se aprovechen de las externalidades negativas que generan sus actividades, y generalmente se reciben con satisfacción las sanciones o sentencias condenatorias sobre aquellas empresas o particulares que obtienen un beneficio contaminando el aire o el agua de su entorno o produciendo ruido.

Sin embargo, ¿qué pasa con las externalidades positivas, con las acciones de los ciudadanos que benefician a los que les rodean o incluso a la sociedad en su conjunto? ¿Cómo resarce el cultivador de girasoles al colmenero cuyas abejas polinizan sus flores? ¿Y el cazador al propietario de los refugios cinegéticos? ¿Y el residente en una ciudad al labrador? ¿Y el explotador de un regadío al propietario de un bosque en la cabecera de una cuenca?

En estos últimos casos no se puede considerar, al menos inmediatamente, que haya un daño por el ejercicio de una actividad en las inmediaciones de un espacio natural bien preservado, pero muchas veces el titular del mismo está dejando de obtener un beneficio por conservar el entorno y simultáneamente está contribuyendo al "bienestar de la naturaleza". Por ejemplo, los que mantienen un robledal favorecen a los que lo talaron quienes venden parcelas para segundas viviendas junto a parajes idílicos; a los que beben agua procedente de esa cuenca que está protegida de la erosión; a los que riegan aguas abajo; a los cazadores cuyas piezas se reproducen en su propiedad, etc. Además, están ayudando a la conservación del patrimonio natural (fauna y flora), participan en el almacenamiento de $CO_2$ emitido en los procesos productivos y por tanto colaboran en el cumplimiento de los compromisos asumidos en Kioto.

La respuesta al interrogante del que trae causa este artículo podríamos pensar que es sólo el olvido, pero no, ya que con ser cierto que los que respetan la naturaleza no reciben apenas nada: las subvenciones escasean y van a menos, los impuestos no se rebajan y la mayoría de las externalidades ni siquiera son reconocidas, lo más sangrante es que como han mantenido o fomentado la riqueza natural, se les castiga a que sobre la obra de su esfuerzo se les impongan más restricciones que a sus vecinos que no supieron o no quisieron hacerlo. Este es el motivo por el que, en muchas ocasiones, los titulares de las zonas bien conservadas sean reacios a que su territorio sea reconocido con alguna figura de protección ambiental.

Si de verdad queremos conservar nuestra naturaleza, además de castigar al que lo hace mal, "reprochando" su actitud, la sociedad debería poder reconocer al que lo hace bien. Se aprende más y mejor con el halago y el refuerzo positivo que con el castigo. Deberíamos superar el principio de "la letra con sangre entra".

29 ENE 2011

# 9

# ¿POR QUÉ ES LA NATURALEZA BELLA?

Para la mayoría de las personas, los espacios naturales son más bellos cuanto más vírgenes e inalterados por la acción del ser humano se encuentren. En estas circunstancias, el medio y los seres vivos que en él habitan conviven en un frágil equilibrio que viene definido por el concepto de armonía o conveniente proporción y correspondencia entre las distintas partes de un todo.

A estas situaciones armónicas se suele llegar a través de periodos muy largos de evolución durante los cuales la selección natural va modelando, paulatinamente, ecosistemas que finalmente llegan a un equilibrio dinámico que moldea paisajes y seres vivos a los que solemos considerar bellos.

Pero, ¿por qué esas situaciones ideales y precarias las percibimos como bellas? La razón es sencilla. Para alcanzar y, sobre todo, para permanecer en ese estado final de armonía, cada uno de los integrantes del sistema debe haber alcanzado un estado de máxima eficiencia en relación con el papel que la evolución le ha destinado jugar, y esa eficiencia no es otra cosa que hacer más con menos o dicho de otro modo: la relación óptima entre los resultados obtenidos y los recursos aplicados. Y es precisamente esa economía de recursos la que nos induce a la mayoría a considerar las cosas como bellas.

Sin embargo, hay paisajes modelados por el hombre que nos resultan igualmente atractivos, lo que en principio parece estar en contradicción con lo establecido anteriormente. Es el caso de las dehesas o los prados de montaña. Ahora bien, si lo pensamos un poco, nos daremos cuenta de que la acción antrópica que ha esculpido esos ecosistemas no ha sido lo suficientemente agresiva como para ser irreversible y ha propiciado la consecución de un nuevo equilibrio ecológico en el que tanto el pastor y el ganadero como sus rebaños constituyen una parte más de ese todo.

Esta aproximación a la belleza ya la abordó Le Corbusier al hablar de *la verdadera belleza en contraposición al pomposo maquillaje que venía sufriendo la arquitectura, contaminada en demasía de fragancia pastelosa. De modo que para él lo bello era aquello que prescindiendo de lo superfluo cumplía su función de la mejor manera.* Algunos años después, esta teoría fue adoptada por Félix Rodríguez de la Fuente en una formidable charla sobre el Leopardo.

Como colofón a todo lo expuesto anteriormente, podemos decir que lo bello es aquello que, prescindiendo de lo superfluo y en equilibrio consigo mismo y con las demás partes del todo, cumple su función de la forma más eficiente posible y sin poner en peligro el sistema al que pertenece.

05 FEB 2011

## 10

# QUIMICA, FORESTAL Y SOSTENIBLE

A la mayoría de nosotros, si nos preguntasen por una explotación tradicional, natural y sostenible, enseguida se nos vendría a la cabeza una dehesa de encinas, un olivar, un viñedo o a lo sumo un prado de montaña.

Si, además, nos interrogaran por el rendimiento de esos parajes, casi nadie dudaría en hablar de productos agroalimentarios como el jamón ibérico, el aceite de oliva, caldos con denominación de origen o quesos tradicionales.

Sin embargo, durante décadas miles de hectáreas de *pinus pinaster* fueron transformando los nutrientes de un suelo arenoso y no siempre fértil en la aromática miera que, transportada en cubas por carros, primero, y por pequeños camiones, más tarde, alimentaba los alambiques de las rústicas fábricas de resinas que conformaron la primigenia industria química castellana y la proveyeron de pez, colorantes, decapantes, disolventes, barnices, pinturas, explosivos, tintas, aceites esenciales o pegamentos.

Pero esa riqueza que fijaba población en el medio rural, que sostenía la vida silvestre, que evitaba la erosión y transformaba la estepa en bosque sufrió el zarpazo iconoclasta del desarrollismo, las crisis económicas y la globalización, y se fue abandonando a partir del final de la década de los 70 del siglo pasado, cayendo casi en el olvido oficios como el de resinero o productos como el aguarrás o la colofonia, que serían sustituidos por derivados sintéticos del petróleo o, en el mejor de los casos, por resinas chinas de más baja calidad.

Aunque el panorama no invitaba al optimismo, no hay fuerza más poderosa que la voluntad humana, sobre todo si esta habita en el corazón de alguien que ama su tierra, las tradiciones de sus ancestros y la naturaleza que le vio crecer. Todas estas circunstancias convergieron en una persona como Juan Carlos Álvarez Cabrero, Alcalde de la localidad segoviana de Coca, que contra viento y marea se empeñó en no dejar morir ni los paisajes ni los oficios ni la riqueza que proporcionaron esos montes ejemplares, que caracterizan gran parte de Segovia y otras provincias castellanas, a las gentes que los habitaron.

En esa cruzada rescató y completó, junto a Mª del Mar Álvarez, los estudios e investigaciones iniciados en los años 50 y 60 y los aplicó casi medio siglo después en los montes que sirvieron de inspiración a aquellos, consiguiendo detener la agonía del sector y dar los primeros pasos de una lenta pero entusiasta recuperación, de la que todos nosotros podemos ser testigos con sólo darnos un paseo por esa tierra de pinares.

En esta tarea, aun manteniendo lo fundamental, se ha cuestionado todo, desde el tamaño de las cubas en que se recoge la resina, los métodos de estimulación y extracción de la misma, la mecanización del proceso o el diseño de las herramientas, de modo que se optimice el uso de la mano de obra, factor determinante e incuso excluyente en la viabilidad de estas explotaciones.

El resultado de toda esta labor, públicamente reconocida por autoridades y representantes políticos de todos los signos, está permitiendo la conservación de grandes masas forestales bien gestionadas que actúan como sumideros de carbono; evitan los incendios; favorecen la vida salvaje, por ejemplo el lobo vuelve a campar por estas tierras; crean empleo; y fijan la población rural en el medio que los vio nacer a ellos y a sus abuelos. Todo esto, en definitiva, nos permite tener como referencia y alternativa una vida distinta, y no por ello menos atractiva y retadora, de la vida urbana que sufrimos una gran parte de los españoles.

PD. Este mundo, en la actualidad casi testimonial, fue el escenario de parte mi infancia, cuando todavía en su esplendor, pero ya cercano el declive, paseaba con mi abuelo por los pinares de Nava de la Asunción durante los veranos de los últimos años de la década de los 60.

19 FEB 2011

# 11

# EL COCHE ELÉCTRICO, ¿CONTAMINA?

Es muy raro el día en el que no aparece en los medios de comunicación una noticia relacionada con el progreso en la introducción del vehículo eléctrico, en sus distintas versiones, en la vida real. Las principales marcas lanzan modelos que se alejan progresivamente del concepto de prototipo, las baterías son cada vez más potentes y nos permiten recorrer distancias más largas e, incluso, las autoridades apuestan por este sector y empiezan a predicar con el ejemplo, dotando a sus representantes de vehículos de este tipo o adquiriendo pequeñas flotas para prestar algunos de sus servicios.

No cabe duda de que el fenómeno es imparable y que debe contar con nuestro apoyo. Sin embargo, en mi opinión se deben hacer algunas consideraciones que nos ayuden a enfocar el tema y abordarlo con rigor, ya que el desarrollo e introducción del coche eléctrico se está presentando como la solución a casi todo, y la realidad es que resuelve algunos problemas, pero, sobre todo, puede ser un vector coadyuvante para la resolución de otros muchos.

En primer lugar, la idea del coche eléctrico se está presentando por los medios de comunicación y por las autoridades como una solución a la contaminación y una alternativa a los combustibles fósiles, y esto ni es cierto ni deja de serlo, dependerá de dónde y cómo se genere esa electricidad, sin perjuicio de la contaminación y el consumo de recursos que lleva implícita la fabricación de sus diferentes componentes: baterías, neumáticos y motores entre otros.

Si la energía eléctrica con la que se proveen las baterías se generase en una central térmica, casi tendríamos un motor diésel que en vez de contaminar en el Paseo de la Castellana o la Avenida Diagonal, lo haría en Teruel o Asturias. Si por el contrario, esa energía proviniera de una central nuclear, podríamos disponer de un utilitario atómico, pero si nuestro vehículo tuviese la suerte de succionar la energía de una de las plantas que se nutren de carbón nacional, estaríamos en presencia del último prototipo de gasógeno.

Ahora bien, también cabe la posibilidad de que la energía que empuje a esos automóviles se haya producido en un aerogenerador o una central hidroeléctrica o incluso en un huerto solar, en cuyo caso su tubo de escape virtual no exhalaría humo ni residuos radiactivos, sólo estaría transformando el paisaje o interfiriendo los cursos naturales de los ríos.

Con esto, lo que quiero poner de manifiesto es que una de las principales tareas pendientes de abordar por este país es consensuar, de una vez por todas y en un marco estable, un modelo energético en el que se establezcan los costes económicos, sociales, de dependencia del exterior, de contaminación y de cualquier otra índole que estemos dispuestos a asumir, y posteriormente y como segunda derivada, fomentemos el uso del vehículo eléctrico, que circulando por las carreteras españolas va a contribuir a difundir y socializar el modelo adoptado, contaminando al precio que la sociedad, en su conjunto, haya decidido.

Dicho esto, a día de hoy, no creo que la sociedad deba renunciar a las cuotas de libertad de que le ha dotado el automóvil, pero también creo que se hace necesario reflexionar sobre el modelo social que se ha impuesto en gran parte de la sociedad, que nos ha hecho esclavos del vehículo.

Mientras se decide cuál va a ser el mix energético y reflexionamos sobre cómo queremos vivir, fabricantes y autoridades deben seguir trabajando para que este, todavía, proyecto se convierta en realidad, y no sólo nuestras calles estén menos sucias y el ruido se atempere, sino que se siga investigando para que la autonomía y los sistemas de recarga de las baterías permitan a estos modelos rebasar el ámbito urbano.

26 FEB 2011

# 12

# LA OTRA CONTAMINACIÓN

Cuando se habla de contaminación, casi todos nosotros pensamos en la nube parda que se instala, casi permanentemente, sobre el horizonte de muchas grandes ciudades; en un penacho de humo saliendo de una gran chimenea; o a lo sumo nos podemos imaginar un cormorán impregnado en petróleo en una playa o una masa de agua espumosa en la que flotan plásticos y peces muertos.

No cabe duda de que estos son signos inequívocos de una grave contaminación, atmosférica en los dos primeros casos o del medio hídrico en los segundos, pero también debemos de ser conscientes de que la contaminación no se circunscribe sólo a esos dos ámbitos, pudiendo afectar a otros muchos y surtir unos efectos tan graves como los que provocan aquellos.

Cuando nos encontramos con un problema de contaminación atmosférica, el consenso suele ser amplio y la sociedad reacciona con cierta rapidez, encontrando muy a menudo respuesta por parte de las administraciones públicas. Si el problema está relacionado con el medio hídrico, como estamos acostumbrados a usar nuestros ríos y mares como cloacas, la alteración tiene que ser de cierta entidad para que se perciba la gravedad de la situación y se apliquen medidas. ¿Pero qué ocurre si la contaminación es de otra índole?

Si a lo que nos enfrentamos es a la contaminación sonora, hay muy poca conciencia de los perjuicios que el ruido puede causar a la salud y a la economía. No hay apenas planificación en relación con sus principales fuentes: las carreteras se diseñan sin tener en cuenta este fenómeno; los camiones de la basura operan cuando todo el mundo está descansando; las motocicletas alardean de escape libre, y el sector del ocio nos inunda de charangas, verbenas y conciertos continuamente, sobre todo, en el periodo estival. Además, la legislación es de carácter municipal por lo que la guardia civil se desinhibe a favor de la policía local, que carece de preparación y medios para controlarlo. Como consecuencia, la batalla contra este tipo de contaminación se deja en manos de los particulares que se ven abocados a largos y costosos pleitos frente a perturbadores insensibles y en muchas ocasiones difusos.

Si lo que nos toca en suerte es la contaminación odorífera, lo tenemos incluso peor. Si la perturbación no se corresponde con un síntoma de una contaminación atmosférica tradicional y se constata que no genera riesgo para la salud es un tema que no se suele abordar. Hay poca legislación, la administración es poco exigente y son pocos los capacitados para valorar objetivamente este tipo de contaminación. Esto lleva a que algunas ciudades con determinadas industrias en sus cercanías convivan a lo largo de décadas con desagradables olores a los que sus habitantes terminan por acostumbrarse. En este sentido, es muy curioso el olor a coliflor que inunda Zaragoza en determinadas épocas del año.

Otra contaminación muy poco tratada es la lumínica. Nos obstinamos en borrar la oscuridad de nuestras vidas y en que siempre sea de día. Hoy por hoy, es una minoría la que percibe esto como un problema, pero lo cierto es que además de suponer un derroche de recursos, interferir en el equilibrio de muchos ecosistemas, alterar el tráfico aéreo o dificultar la observación astronómica, nos priva de la serenidad, la calma y el sosiego que la oscuridad de la noche nos brinda como recurso natural que es. Nuestra sociedad apenas conoce una noche estrellada.

Si lo que abordamos es la contaminación visual, se nos puede caer el alma a los pies. Hemos perdido cualquier sensibilidad, no se cuida en absoluto el equilibrio y la armonía necesarios para nuestro bienestar. El entorno en el que nos desenvolvemos no sólo suele estar deforestado y desprovisto de cualquier tipo de vegetación, sino que muchas veces está salpicado de escombros, chatarra o basura; los edificios que habitamos son fruto de un absoluto desprecio por nuestra tradición, son desproporcionados y carecen de la necesaria armonía con los colindantes y con el medio, están plagados de antenas, aparatos de aire acondicionado, toldos multicolores y terrazas cubiertas sin ningún criterio; y las calles y carreteras están flanqueadas por vallas, postes de todo tipo y carteles. Este ámbito, de por sí subjetivo, es un laberinto en el que conviven legislaciones de diferente jerarquía con ordenanzas municipales y estatutos de comunidades de propietarios que hacen muy difícil un abordaje eficaz a corto plazo.

Por último, la contaminación del suelo. Recientemente ha cobrado mayor importancia como consecuencia de la legislación específica que obliga a determinadas industrias a llevar a cabo informes preliminares de situación, contemplándose, en caso de contaminación, la eventual recuperación de ese suelo por parte del titular del mismo y la inclusión en el registro de la propiedad tal circunstancia como carga. No obstante, la sociedad en general permanece bastante ajena a este tema.

Como colofón, quiero subrayar que con este post sólo he tratado de acercarme muy superficialmente a algunos de los otros tipos de contaminación que interfieren en nuestro quehacer diario y nos impiden llevar una vida de más calidad y en armonía con nuestro entorno.

12 MAR 2011

## 13

# USAR Y DISFRUTAR PARA CONSERVAR

Con independencia de que en algunas circunstancias se deban crear santuarios naturales en los que la intervención humana esté vedada, en mi opinión, la política general de conservación de la naturaleza no debe descansar exclusivamente en este tipo de medidas, a riesgo de convertir nuestro país en un espacio yermo salpicado de parques temáticos, en gran medida, inconexos y divorciados de la sociedad que les circunda.

Si queremos que un espacio natural sea sostenible y, por tanto, que alcance el equilibrio necesario que le permita permanecer en el tiempo y conservar los valores que le hicieron digno de esa calificación, es necesario involucrar a la población que habita en su ámbito de influencia y conseguir que la gestión de ese territorio se solape con la de los propios intereses de sus habitantes.

La mejor manera de contribuir a la conservación de un espacio natural es que éste reporte algún tipo de interés económico a la población que lo habita, de modo que ésta, en aras de su propio beneficio, vele por su sostenibilidad a la vez que lleve a cabo, a veces inconscientemente, la más eficiente gestión de ese entorno.

En este sentido, el fomento de las actividades agrícolas, ganaderas o forestales tradicionales, tales como el pastoreo, la recogida de leña, el ejercicio responsable de la caza o la pesca, permiten tener el monte limpio y vigilado, las pistas abiertas y los furtivos fuera de juego, sin necesidad, por otra parte, de incurrir en gastos extraordinarios en guardería, retenes contra incendios o equipos de limpieza.

Pero, además, a la hora de preservar los valores naturales, no podemos limitarnos a hacerlo en esos mencionados santuarios. Por el contrario, debemos tender a considerar el medio rural en su conjunto, proporcionando a sus moradores suficientes incentivos para que se conviertan en agentes activos de su puesta en valor, conservando aquellas prácticas más razonables, desterrando otras y adoptando algunas nuevas. La agricultura se deberá reservar a las zonas más aptas; la ganadería tendrá que ser respetuosa con el medio; la caza y la pesca habrán de ser ejercidas con responsabilidad, y la explotación forestal tendrá que estar planificada.

Sin embargo, hoy en día, vemos que muchos de los espacios naturales languidecen en el olvido o se convierten en parques temáticos alrededor de los cuales se establece el monocultivo del turismo y la hostelería en sus diferentes versiones, cuando el objetivo debería ser la configuración de sociedades rurales articuladas en las que además de camareros hubiera leñadores, cazadores, hortelanos, artesanos, resineros, apicultores, escritores y un sinfín de nuevos y viejos actores inmersos, además, en un mundo moderno y digital en el cual sus habitantes podrían ser autosuficientes energéticamente, elaboradores de sus propios alimentos, dueños de su tiempo, más cercanos a los demás y en definitiva más felices.

09 ABR 2011

## 14

# CERRANDO EL CICLO
# DE LA EVOLUCIÓN HUMANA

Desde el principio de los tiempos, el ser humano, al igual que el resto de los seres vivos, ha ido evolucionando en base a pequeñas variaciones o en su caso a mutaciones fortuitas y a la acción de la selección natural que premiaba aquellas características que permitían a su portador reproducirse más, defenderse mejor de sus depredadores o afrontar con más éxito el rigor del clima.

Sin embargo, el hombre, ya a finales del paleolítico y sobre todo en el neolítico, empezó a interferir en esa evolución, seleccionando aquellas variedades naturales que, por diferentes motivos, le interesaba sustraer de esa criba espontanea. De este modo, se rediseñaron especies como el lobo, el uro o los cereales, que se fueron convirtiendo paulatinamente en perros, vacas, trigo o cebada.

La presión ejercida por nuestra especie sobre otras muchas ha sido tal, que hemos llevado a la extinción a gran cantidad de ellas por resultarnos molestas o simplemente por mero egoísmo y falta de previsión, habiéndolas explotado hasta que su número hizo inviable su continuidad.

De esta influencia no ha sido ajeno el propio género homo y, quizás, el hombre de neandertal fue el primero en sufrirla, pero de lo que no cabe duda es de las persecuciones históricas por razones étnicas o de la eugenesia, más o menos explícita, llevadas a cabo por muy diferentes pueblos.

Posteriormente, ya en épocas muy recientes, no nos hemos conformado con intervenir sobre esa variabilidad que la naturaleza ponía a nuestra disposición de forma espontánea y hemos decidido interferir en la carga genética de esos seres vivos, llegando a franquear la barrera de las especies.

Sin embargo, el gran salto lo estamos dando ahora mismo, al estar dispuestos a aplicar esa ingeniería genética a nuestra propia especie, estando a punto de rebasar todos los límites y crear un nuevo ser humano a medida de lo que sus diseñadores estimen más idóneo, adornándolo de aquellas virtudes que se consideren más necesarias como el espíritu de sacrifico o la resistencia al dolor y privándole de otras más molestas como la voluntad, la consciencia de sí mismo, el sentimiento de justicia o el amor. Estamos a punto de hacer realidad la profecía de Aldous Huxley en su "Mundo Feliz".

En fin, si verdaderamente completamos el camino que en párrafos anteriores se ha esbozado y que tan adelantado llevamos, estaremos en ciernes de cerrar el ciclo de la evolución humana, devolviendo a la humanidad, o al menos a parte de ella, a unos niveles evolutivos absolutamente primarios y radicalmente ajenos de los que caracterizan a la persona libre, orgullosa, independiente y dotada de dignidad que se ha ido configurando a lo largo de miles de años de historia.

16 ABR 2011

*15*

# PSICOLOGÍA AMBIENTAL

A pesar de que pueda parecer que el ser humano es una especie urbana que domina y se sirve de la naturaleza y, en cierto modo, vive ajeno a la misma, no podemos obviar que, incluso prescindiendo de los primeros estadios de nuestra evolución y ciñéndonos exclusivamente a nuestra historia como especie, llevamos aproximadamente un millón de años no siendo más que un mero eslabón en el engranaje del mundo natural.

Aunque consideremos el neolítico como un periodo en el que el hombre ya no sólo depende de su entorno, sino que, en alguna medida, interviene sobre él y lo modela de acuerdo a sus necesidades, nos estaremos refiriendo sólo a media docena de miles de años, y no nos engañemos, incluso en esta etapa en la que dejamos de ser meros cazadores y recolectores para empezar a planificar la obtención de recursos mediante la agricultura y la ganadería, nuestra dependencia del medio ha sido absoluta hasta hace muy pocos siglos.

Ahora bien, a partir de la revolución industrial y sobre todo en la última centuria, muchas sociedades han ido dando la espalda a esa naturaleza e incluso algunas han creído vivir al margen de la misma, olvidando que la energía con la que pretenden alejarse de ella procede, casi exclusivamente, de la fotosíntesis de las plantas verdes.

En realidad, y como se apunta en los párrafos anteriores, prácticamente acabamos de abandonar la selva o la sabana, y nuestro equilibrio emocional depende en gran medida de la relación que mantengamos con el mundo natural que nos envuelve, como lo demuestra que aquellas personas, cuya existencia discurre por las veredas más alejadas de éste, deban recurrir periódicamente a él, aunque lo suelan hacer inconscientemente.

Paradigmas de este fenómeno son la incorporación a los entornos urbanos de jardines, que recrean ese mundo primitivo y lo ponen a nuestra disposición, la práctica de la caza y la pesca o la adopción de animales como mascotas. Los efectos positivos de estas actividades sobre niños y personas mayores son de todos conocidos. Pero, aun siendo estos los ejemplos más nítidos, hay otros muchos que nos pasan desapercibidos y que no por ello son menos importantes, así la práctica de muchos deportes como el golf, la natación o la equitación nos ponen en íntimo contacto con algunos de los entornos en los que se desenvolvieron nuestros antepasados.

Pero, además, ¡qué son las escapadas al mar, a la playa o a la montaña, la observación de la luna o la contemplación de una tormenta, si no intentos de entrar en comunión con aquellos escenarios que nos acompañaron desde el principio de los tiempos! Todo ello sin obviar que los seres humanos somos también naturaleza y que necesitamos establecer vínculos entre nosotros desde que nacemos para desarrollarnos plenamente.

*Sensu contrario,* la contemplación de un bosque calcinado, un proceso erosivo y un vertedero, o el hecho de trabajar en ambientes donde carezcamos de luz solar son circunstancias capaces de producir en nosotros desazón y malestar.

El que podamos vivir con cierta independencia del entorno natural que nos rodea no quiere decir que esto sea lo idóneo, como lo demuestran las alteraciones del sueño, la irritabilidad o el nerviosismo que muchas de las personas que se alinean con ese modo de vida suelen padecer. Tampoco creo que el objetivo deba ser volver al paleolítico. Por el contrario, el ser humano debe seguir evolucionando, pero rescatando los valores más positivos de otras épocas caracterizadas por una relación íntima y responsable con el medio que nos vio nacer y que todavía nos acompaña, en mayor o menor medida, a casi todos.

No hay experiencia más reparadora para cuerpo y espíritu que un largo paseo por el campo en compañía de un ser querido y un perro, alternando la conversación y el silencio, observando cuanto acontece a nuestro alrededor y empapándonos de los sonidos del bosque, sintiéndonos alternativamente cazador y fugitivo, oteando el horizonte y cerrando los ojos, tendidos en el suelo, recreando, en definitiva, lo que hicieron las miles de generaciones que nos precedieron.

Del estudio de la interrelación entre la naturaleza y la psicología se ocupa la psicología ambiental, disciplina nacida en los años 60 y, en un principio, muy ligada a la planificación urbanística y a la construcción.

01 MAY 2011

*16*

# LAS LECCIONES DE LA NATURALEZA

Cuando hace un par de meses nos sorprendió el terremoto y posterior tsunami de Japón con las consecuencias por todos conocidas, sobre todo aquellas relacionadas con la cuestión nuclear, un escalofrío nos recorrió el cuerpo y nos mantuvo relativamente preocupados durante varias semanas. Sin embargo, enseguida echamos mano de los más variados argumentos para desvincularnos de ese problema, aduciendo que España no está en una zona de tanto riesgo sísmico, que el Mediterráneo no es tan profundo como el Pacifico o que nuestras centrales nucleares están más alejadas del mar.

Nos empezábamos a olvidar de la lección de Japón, cuando la tierra tembló en Lorca y si bien la magnitud de la catástrofe fue mucho menor, la cercanía de la misma fue tal que también hubo momentos en los que nos sentimos implicados y, en cierta medida, "vimos las orejas al lobo".

Ambos episodios, como otros muchos que tienen lugar cotidianamente en cualquier parte del mundo, han ido perdiendo relevancia informativa con el paso del tiempo y, dentro de pocos meses, sólo los recordarán aquellos que los vivieron directamente, cuyas vidas quedarán marcadas para siempre.

Sin embargo, estos dos acontecimientos, y muchos otros de menor envergadura o más distantes, nos deberían hacer reflexionar y, antes de que las causas que los propiciaron caigan definitivamente en el olvido, nos tendrían que ayudar a extraer consecuencias que nos ayudasen a convivir en mayor armonía con nuestro entorno:

- La primera, y más obvia, de las lecciones que deberíamos aprender es que todavía estamos muy lejos de haber domeñado la naturaleza y que, en cualquier momento, ésta se puede revelar y desmoronar nuestros más sólidos planteamientos.

- La segunda es que, a pesar de lo manifestado más arriba, no nos debemos abandonar. Por el contrario, hay que seguir trabajando para hacer las cosas mejor, de modo que las convulsiones naturales nos afecten lo menos posible.

- En tercer lugar, deberíamos comprender que nuestra lucha debe hacerse en un marco de respeto y simbiosis con la naturaleza y no contra ella.

De acuerdo con estas premisas, deberíamos plantearnos, con mucho más rigor, cuestiones como: ¿qué construimos?, ¿cómo?, ¿dónde? o ¿qué energía nos interesa fomentar y en qué condiciones? o ¿qué recursos y en qué circunstancias no podemos utilizar? Sólo de este modo podremos evitar desastres como los derivados de terremotos, inundaciones, incendios, volcanes y plagas, o de vernos privados en un futuro no muy lejano de materias primas que hoy podemos estar malgastando.

En definitiva, no debemos renunciar al progreso, pero debemos analizar cada uno de nuestros pasos tanto para evitar situaciones irreversibles como para propiciar nuestra convivencia con otras especies y no sólo desde un punto de vista altruista, por entenderlas como cotitulares del planeta en el que vivimos, como desde una perspectiva más egoísta al considerar los beneficios que nos puedan proporcionar en el futuro.

En este sentido, nos tendríamos que plantear si el modelo en el que se apoya nuestra sociedad, de crecimiento indefinido e irreflexivo basado en el consumo cuando no en la destrucción de recursos naturales, es susceptible de ser mantenido mucho más tiempo, y en todo caso si nos merece la pena hacerlo.

28 MAY 2011

## 17

# TURISMO Y MEDIO AMBIENTE

El Turismo, como cualquier otra actividad económica, se sustenta en la explotación de un recurso que, en este caso, es, en gran medida, de carácter ambiental o cultural.

Como en otros ámbitos de la economía, cuando se detecta un recurso y se vislumbra un mercado potencial para éste, se establecen los mecanismos oportunos para poner ambas partes de la ecuación en contacto y tratar de dotar de un valor económico a ese producto, de modo que tanto los titulares de aquel como los futuros usuarios del mismo obtengan beneficios mutuos.

De este modo, los habitantes de un valle alpino ofrecen las laderas nevadas de sus montañas a los ciudadanos ávidos por practicar deportes de invierno, y se produce lo mismo cuando los "aventureros europeos" se van de safari por las sabanas africanas, o cuando visitamos los tesoros artísticos de París o Roma.

En principio, cada vez que un recurso turístico (paisaje, cultura, gastronomía, deporte) se pone en valor, se debería establecer un equilibrio entre los intereses de los titulares del mismo, los turistas o sus prescriptores y el recurso propiamente dicho, ya que de ello depende que esa riqueza se mantenga en el tiempo o como se diría hoy en día que sea sostenible.

Sin embargo, esto no ocurre siempre. En nuestro propio país, rico donde los haya en recursos naturales, hemos roto esa armonía en relación con uno que tan sólo hace unas décadas parecía inagotable, como es el sol y la playa que está siendo tan mal tratado que corremos un riesgo cierto de, si no perderlo, sí devaluarlo hasta tal punto, que con independencia de los quebrantos ambientales, muchos de ellos ya irreversibles, la propia actividad turística, desvinculada ya de aquellos valores que la propiciaron, descienda drásticamente de categoría, con la consiguiente rebaja de los ingresos económicos.

Paradigma de esta situación es lo ocurrido en la costa mediterránea y en concreto en la Manga del Mar Menor. En los años 60 nos percatamos de que teníamos a nuestros pies una lengua de tierra que se internaba en el mar proporcionando 20km de playas y dunas únicas en el mundo. Como consecuencia, se llevan a cabo unas primeras construcciones y una carretera que daba acceso a las mismas. Ante el éxito de esa primera etapa y la excelencia de los recursos, se continúa la urbanización, rellenando los huecos que se dejaron libres en los primeros momentos. La carretera ya no era suficiente y se hizo necesaria su conversión en autovía, el suelo se encareció y las torres aisladas o las viviendas unifamiliares se fueron rodeando por filas de bloques compactos que no dejan espacio alguno a aquellos valores por los que el turismo acudió allí.

Han pasado 40 años y aquel paisaje de dunas se ha sustituido por otro urbano de edificios que flanquean una autovía generadora de ruido, atascos, aglomeraciones y malos olores, y los primeros turistas procedentes del norte de Europa que fueron capaces de desplazarse miles de kilómetros para disfrutar de las bondades de un lugar tan singular se han marchado, refugiándose en lugares menos idílicos y por tanto menos codiciados.

El recurso era tan formidable y generó tanta demanda que murió de éxito, ya no existe. Ahora es otro distinto, de mucha menor calidad y que, por lo visto, no parece que se tenga la intención de recuperar, puesto que los desmanes han continuado cuando ya se era consciente del problema.

Si los tesoros naturales los tratamos de este modo, es preferible que sigan ocultos hasta que sepamos cómo gestionarlos y disfrutar de ellos sin que ello suponga su destrucción.

18 SEP 2011

## 18

# REPOBLACIONES FORESTALES

Todos los años, cuando el verano toca a su fin y de alguna manera empieza un nuevo curso, aparecen las primeras estadísticas sobre los incendios forestales acontecidos en los últimos meses, haciéndose balance sobre las pérdidas económicas, sociales o ambientales sufridas y los costes en tiempo y dinero que su recuperación supondría.

Si bien es cierto que en algunos casos, después de los lamentos y las buenas palabras, no se hace nada por recuperar esos paisajes perdidos, si no irreversiblemente sí, al menos, para nuestra generación, no lo es menos que en otros muchos, las diferentes Administraciones y muchos particulares llevan a cabo un gran esfuerzo por restaurar los espacios devorados por las llamas y devolverlos a su estado anterior.

Sin embargo, y sin perjuicio de reconocer tanto la buena intención como, en líneas generales, el buen hacer de todos los agentes implicados en devolver la vida a esos parajes ahora aparentemente yermos, cuando se analizan con detenimiento algunas de las actuaciones de restauración o incluso de creación de nuevas masas forestales, llaman la atención algunas de las medidas acometidas, sobre algunas de las cuales me gustaría hacer ciertas consideraciones.

En primer lugar, como cuestión previa, y en contra de lo que muchos querrían escuchar, no pretendo con este artículo pronunciarme, a priori, en contra de la utilización del pino en ninguna de sus diferentes variedades como factor de recuperación o incluso de creación de paisajes, aunque a lo largo de esta breve reflexión sí que me gustaría matizar algún aspecto concreto relacionado con su utilización, a veces abusiva, en las repoblaciones forestales.

Los pinos, y en general las coníferas, tienen un carácter austero y un crecimiento rápido que permite en un periodo relativamente breve corregir, sobre todo en zonas muy degradadas, los fenómenos erosivos, crear suelo y proporcionarnos un paisaje de más calidad capaz de favorecer una evolución posterior hacia formas más cercanas al clímax, con las consiguientes repercusiones positivas sobre la fauna y la economía de la zona.

*Sensu contrario*, si el entorno sobre el que se pretende actuar se encuentra en un estadio evolutivo superior, capaz de soportar otras especies, deberían ser éstas, al menos en principio, las destinadas a ser las inquilinas de esos espacios. Pero, es más, aun cuando la especie idónea sea un tipo concreto de pino o cualquier otra especie, no entiendo la densidad con la que se planta y el interés por reemplazar inmediatamente las marras. Si se planta en exceso en previsión de pérdidas y además se sustituyen éstas, lo que estamos haciendo es proporcionar un exceso de recurso con el consiguiente peligro para la biodiversidad y el incremento del riesgo de sufrir un incendio, por no hablar de la dificultad para, en su caso, ser sofocado, ya que ello lleva aparejado, en la mayoría de los casos, una proximidad excesiva de las calles, lo que imposibilita el tránsito, y por tanto la aplicación de medios para su extinción.

Sólo sería razonable esta medida en zonas concretas con alto peligro de erosión y pérdida de suelo, y teniendo en cuenta que si no se acometen otras medidas posteriores corremos el riesgo de haber acometido una medida coyuntural para perderlo todo en el próximo incendio.

Por otra parte, las repoblaciones no deberían ser mono-específicas. Aun en el caso de plantaciones con un marcado propósito económico, habría que reservar las zonas más idóneas para especies autóctonas, creando santuarios que contribuyan al sostenimiento de la fauna y flora tradicional que eventualmente permitieran iniciar la recuperación de paisajes y ecosistemas ancestrales.

También me atrevo a sugerir que una vez consolidadas las plantaciones y cuando éstas no tengan exclusivamente carácter económico, se deberían mantener densidades mucho menores de las que habitualmente observamos, tendiendo hacia espacios adehesados en los que convivieran las especies arbóreas con las arbustivas propias de cada región. Debemos dejar de pensar en escobas, espinos, zarzas y otras muchas especies como parásitos que merman la productividad de los bosques.

En cuanto a los métodos, y sin renunciar a la utilización de maquinaria, estimo que, sobre todo, en las grandes actuaciones no se debe hacer *tabula rasa* y arrasar todo lo que encontramos a nuestro paso. Hay zonas donde habría que dejar que la naturaleza actuase espontáneamente, permitiendo que los mecanismos milenarios que le han permitido subsistir hasta nuestros días sigan funcionando. La labor del ser humano debe ser la de ayudarla a recuperarse, no la de sustituir su función.

Por último, cualquier acción que desarrollemos en este ámbito debe tener muy en cuenta los intereses de la población en cuya vecindad se lleve a cabo, con objeto tanto de implicarlos en el proyecto y hacerlos partícipes del mismo como de aprovechar y rescatar del olvido la sabiduría popular que modeló nuestra naturaleza a lo largo de los últimos milenios. El factor humano debe estar presente siempre, de forma que se preserve ese nuevo equilibrio de carácter antropomórfico, ya que el primigenio se rompió hace siglos con la desaparición de las manadas de grandes herbívoros que perfilaron nuestros paisajes en la antigüedad.

23 SEP 2011

*19*

# LA SOCIALIZACIÓN
# DE LA CONTAMINACIÓN

Si bien ningún tipo de contaminación conoce barreras, quizás la atmosférica goce del dudoso privilegio de ser considerada como la "más solidaria" de todas, ya que, con independencia de dónde se produzca, tiende a dispersarse y a hacer partícipe de sus horrores a todo el planeta, como se constata con el cambio climático que se está produciendo en las últimas décadas. Valiéndonos del dicho popular de que no se pueden poner puertas al campo y aplicándolo al tema que nos ocupa, de lo que no nos puede caber duda alguna es de que lo que no se puede hacer es poner puertas al cielo.

Cualquier acción sobre la atmosfera, sea ésta natural o humana, tiene efecto inmediato sobre amplias áreas de nuestro planeta, rebasando al cabo de poco tiempo las fronteras de aquellas regiones donde se originó. Recordemos sucesos como los de Chernóbil o la erupción del volcán islandés de nombre impronunciable en 2010. En ambas ocasiones, la primera debida a la acción humana y la otra consecuencia de un fenómeno natural, las consecuencias se vivieron a miles de kilómetros de distancia y eso por no hablar de la lluvia ácida que arruinó enormes extensiones de bosques europeos o los accidentes de Seveso o Bhopal.

Es irrefutable que cualquier acción negativa efectuada sobre la capa de aire que nos envuelve va a ser compartida, más o menos solidariamente, con nuestros vecinos según sea la intensidad y persistencia de nuestra negligencia, pero ¿nos hemos parado a pensar en las consecuencias de comportamientos, en principio, inocuos o incluso a priori positivos para nuestro entorno?

Aprovechándome de esta tribuna, me gustaría plantear algunas de las actuaciones que se están abordando en los últimos tiempos para, sin perjuicio de las innumerables bondades que llevan implícitas aquellas, resaltar en este caso sus aristas negativas e intentar provocar la reflexión en torno a las mismas:

- Es evidente que nuestras ciudades padecen las consecuencias de un aire sucio que afecta a la calidad de vida y la supervivencia de las personas que las habitan. Ante esta situación se levantan voces de alarma y se pretende sustituir el parque automovilístico tradicional por los modernos vehículos eléctricos que no contaminan y no hacen ruido. ¿Pero nos hemos planteado alguna vez de dónde proviene esa electricidad? Probablemente, y si las cosas no cambian mucho, la polución de esa gran ciudad se estará produciendo en un valle lejano, pero próximo a una mina de carbón, y los perjudicados sean tanto sus habitantes como los bosques y arroyos que lo conforman.

- También en el medio urbano, queremos que la energía que calienta nuestros hogares e ilumina nuestras calles proceda de fuentes renovables: eólica, solar, hidroeléctrica, biocombustibles, etc. ¿Pero ha pensado alguien que esos aerogeneradores rompen el paisaje e interfieren en la vida de miles de personas y animales, que las presas compartimentan los ecosistemas fluviales o que los biocombustibles pueden contribuir al incremento de los precios de los alimentos y por tanto a su más difícil accesibilidad para las personas más necesitadas?

- ¿Somos conscientes del precio de la energía procedente de las fuentes alternativas y de las primas, subvenciones y ayudas de las que gozan? Y no me refiero sólo al precio de explotación, sino que también a los recursos que hay que invertir en la fabricación de los equipos.

- ¿Sabemos que consecuencias conlleva cerrar una central térmica u otra nuclear en nuestra región si antes no hemos adoptado una solución alternativa?

Quizás estemos condenando a otros pueblos a sufrir aquello de lo que nosotros nos hemos librado.

Nada más lejos de mi intención que desdeñar este tipo de medidas, por el contrario, éstas deben ser objeto de riguroso estudio para ser aplicadas y potenciadas en aquellos lugares y circunstancias que más lo precisen, y para ello debemos hacer nuestra la máxima *piensa global actúa local,* porque en un mundo en el que es imposible construir compartimentos estancos, sólo teniendo la certeza de lo que nuestras acciones pueden suponer en el mundo, podremos actuar responsablemente en nuestro entorno más inmediato.

20 NOV 2011

# CAMBIO CLIMÁTICO Y CO2

En los últimos meses han proliferado los estudios, algunos de ellos con cierto grado de solvencia, de acuerdo con los cuales, si no se niega el cambio climático, por lo menos, se pretende plantear un escenario definido por unas previsiones bastante menos pesimistas que las que se habían venido barajando hasta el momento.

Ahora bien, los estudios que cuestionan la influencia de la actividad humana sobre el cambio climático no deben gozar de mayor crédito que aquellos que avalan perspectivas menos optimistas. En realidad, nos desenvolvemos en un contexto cuyo rasgo definitorio viene dado por la incertidumbre. No tenemos certeza plena ni en un sentido ni en el otro y dependiendo de a quién nos arrimemos nos proveeremos de argumentos a favor de una u otra corriente.

Sin embargo, la falta de consenso y la existencia de argumentos válidos para apoyar o negar la influencia del aumento del $CO_2$ de origen antropogénico en los cambios que se están produciendo en el clima no debe en ningún caso constituir excusa o coartada para desatender el cuidado de nuestro entorno en cualquiera de sus ámbitos, porque, independientemente de que suba la temperatura del planeta en mayor o menor medida y de cuál sea la razón de dicho incremento, las agresiones que está llevando a cabo el ser humano sobre el Medio Ambiente están produciendo ya daños cuando no irreversibles sí, al menos, muy graves.

En este sentido, está fuera de toda discusión que como consecuencia de la presión humana directa o a través de los diferentes tipos de contaminación a ella atribuible se está reduciendo notablemente la biodiversidad, habiéndose perdido, ya para siempre, especies de fauna y flora que, con independencia de su derecho intrínseco a existir, su desaparición nos puede estar privando de un sinfín de recursos tanto económicos como terapéuticos.

Tampoco es objeto de polémica el hecho de que la contaminación lleve afectando a la salud humana desde hace siglos y muy especialmente en las últimas décadas, influyendo tanto sobre la calidad como sobre la propia esperanza de vida. De todos es conocido el aumento de las enfermedades respiratorias y las patologías alérgicas en muchos entornos industriales o simplemente urbanos.

También son obvios los daños económicos derivados de la polución, que dejan yermas e improductivas grandes extensiones de tierra y enormes masas de agua. Este fue el caso de la lluvia ácida que asoló vastas regiones del este europeo en el último tercio del siglo XX. Es cierto que en este caso no fue el responsable el $CO_2$, pero esto nos debe hacer reflexionar sobre nuestra fijación cuasi exclusiva en un gas que, si bien influye sobre la temperatura de la tierra, no es toxico y por el contrario nos olvidamos de otros muchos, de por sí, altamente nocivos.

Así mismo, y sin perjuicio de los efectos derivados de la emisión de $CO_2$ y otros contaminantes, hemos de ser conscientes de que, a la par que vertimos a la atmosfera estos gases, estamos consumiendo en buena medida recursos fósiles que se han generado a lo largo de millones de años, que podrían ser vitales para otras muchas necesidades, presentes y futuras, pero que inconscientemente estamos destinando a la mera combustión.

Además de los perjuicios más o menos cuantificables, desde un punto de vista económico, la actividad humana está influyendo sobre intangibles como el paisaje, que contribuyen a nuestro descanso y solaz a la vez que constituyen indicadores de la salud de la tierra, porque donde desaparece un paisaje tradicional se rompe un equilibrio acrisolado a lo largo de la historia, pudiendo haber desaparecido el suelo que lo sustentaba con las consecuencias implacables que esto supone en relación con los recursos hídricos y la vida que ambos amparaban.

Siempre ha habido cambio climático y, en buena medida, éste ha sido debido al CO2, sin cuya contribución la temperatura de la tierra no sería apta para albergar la vida, al menos, como la conocemos hoy en día. Por otra parte, de todos es conocido la existencia de varias glaciaciones y que en periodos históricos relativamente recientes, como la edad media, el clima europeo era mucho más benigno de lo que es en la actualidad o que en el siglo XVIII se produjo una "mini glaciación", pero el que haya indicios de que las modificaciones climáticas actuales, inducidas por el hombre, no sean de la magnitud que en principio se pudo estimar, no debe servir para que sigamos derrochando recursos escasos y nos resignemos a vivir en un entorno degradado e insalubre.

10 DIC 2011

*21*

# EL NUEVO TURISMO DE SOL Y PLAYA

De todos es conocido el esfuerzo llevado a cabo en los últimos lustros por las diferentes administraciones públicas españolas, y en particular por las consejerías de turismo de las Comunidades Autónomas, para convencer a nuestros visitantes de que España no sólo es un destino de sol y playa. También hay que reconocer que cada vez son más aquellos que se interesan por la cultura, la arquitectura, la gastronomía o los espacios naturales de esos lugares a los que se dirigen. Ahora bien, no podemos obviar que todavía un porcentaje muy significativo de nuestros turistas busca fundamentalmente pasar unos días de asueto junto al mar, sin más pretensión que relajarse, romper con la rutina y de paso broncearse un poco.

Sin embargo, esta aparente indiferencia hacía aquellos valores que constituyen nuestra esencia como pueblo no nos debe llevar a engaño y hacernos pensar que estamos todavía en presencia de aquel turismo inicial de principios de los años 60 que se conformaba con disfrutar del sol y la playa al menor precio posible, y que era capaz de transigir con casi todo tipo de carencias e inconvenientes.

Por el contrario, nuestros huéspedes del siglo XXI son cada vez más exigentes y demandan de nosotros servicios de calidad y respetuosos con el entorno. Los viajeros de hoy en día puede que todavía no tengan inquietudes culturales muy hondas, pero tienen meridianamente claro que su salud no puede verse afectada por la calidad del agua que beben o las eventuales impurezas del aire que respiran.

Pero, además, la conciencia ambiental está ya tan íntimamente arraigada en el alma de nuestros visitantes que, aunque gran parte de ellos provengan de países donde el agua no es un bien escaso, como sí lo es en España, su preocupación por este recurso es muy alta y no sólo por su eventual despilfarro, sino que también por su calidad y el destino que se le pueda dar tras su uso. Del mismo modo, la gestión energética forma parte de los valores de muchos de ellos, entre otros motivos, por proceder de países absolutamente comprometidos con la reducción de emisiones de $CO_2$ y la lucha contra el cambio climático.

Por otra parte, y sin perjuicio de todo lo comentado hasta ahora, los nuevos turistas tampoco van a consentir otras afecciones sobre el entorno, que en ocasiones a los nativos se nos pueden pasar por alto, como pueden ser residuos mal gestionados, ambientes ruidosos en las inmediaciones de hoteles y apartamentos, malos olores, playas que no estén absolutamente limpias o paisajes degradados. Factores todos ellos que, sin duda alguna, contribuyen a perturbar la paz en pos de la cual se han acercado a nosotros.

Por último, el factor social también ha irrumpido con fuerza y cada vez son más los que valoran que en aquel lugar que han elegido para pasar sus vacaciones, las relaciones con los "grupos de interés" sean armónicas, no se produzcan deseconomías con su entorno, se respete la paridad de género, se protejan los derechos de la infancia, no se permita la discriminación de las minorías y, en general, se asuman políticas socialmente responsables.

En definitiva, España ya no es aquel país barato donde se podía disfrutar de una naturaleza virgen y un clima benigno. Por el contrario, nos hemos convertido en un país desarrollado que ya no está en condiciones de jugar la baza del precio, y donde la naturaleza, sobre todo en su dimensión litoral, en buena medida ha sido alterada, por lo que si queremos mantener nuestra cuota en este mercado, debemos apostar por la calidad, y muy especialmente por una calidad ambiental seria y rigurosa basada en la confianza que proporcionan tanto las cosas bien hechas como los sistemas internacionales de evaluación de la conformidad, debiéndose huir en todo caso de aquellas políticas cortoplacistas de sustrato meramente publicitario que tanto daño pueden hacen al sector turístico y al propio Medio Ambiente.

26 DIC 2011

# 22

# NUEVO ENTORNO EMPRESARIAL, DIGITAL, SOSTENIBLE E INTERNACIONAL

¿Quién pondría en duda que el universo empresarial ha ido evolucionando en las últimas décadas hacia un entorno muy distinto del tradicional, marcado por la progresiva incorporación de herramientas informáticas, valores ambientales y espíritu cosmopolita? Todos somos conscientes de que las grandes empresas del IBEX 35 no sólo han asumido este nuevo modelo, sino que también han apostado decididamente por él, hasta el punto de haberse convertido en referentes de cada una de esas dimensiones.

Sin embargo, cuando, sin rebasar el umbral de las grandes empresas, nos centramos en las medianas o más aún en las pequeñas, observamos que, salvo contadas y muy loables excepciones, este nuevo entorno es asumido generalmente de forma somera, con tibieza y, en muchas ocasiones, casi por imperativo legal.

Hay que reconocer que la mayoría de las personas y organizaciones que conforman nuestro tejido empresarial ha sustituido la máquina de escribir por el ordenador, utiliza el correo electrónico y hasta puede que tenga una página web. Además, la mayoría de los empresarios son conscientes de que el Medio Ambiente preocupa a la sociedad y de que si no se respeta la legislación pueden ser sancionados. Incluso algunos, ante la atonía cuando no parálisis del mercado interno, se preguntan cómo operar en otros escenarios allende nuestras fronteras.

Partiendo de esta primera aproximación, y sin perjuicio de pensar que estas tres dimensiones están íntimamente relacionadas, me gustaría analizar brevemente cada una de ellas por separado:

- Si nos centramos en la dimensión digital, lo primero de lo que debemos de ser conscientes es que, en el momento previo a la compra de cualquier bien o servicio, es cada vez mayor el número de personas que consulta la red para cargarse de argumentos a favor de uno u otro, por lo que se hace imprescindible disponer de una estrategia digital que contemple la utilización de páginas web, blogs o redes sociales. En este sentido, es interesante subrayar que ya hay empresas que vinculan la retribución variable de comerciales y directivos a la participación en ciertas redes, así mismo es innegable el éxito de algunos negocios basados en plataformas digitales.

Ahora bien, la importancia tanto de redes sociales o sectoriales como de blogs y demás herramientas digitales no radica tanto en el éxito que cada una de ellas tenga por sí misma, sino que en la capacidad de posicionamiento de nuestra marca que puedan llegar a tener. Por ello, para sacar partido de este ecosistema, es fundamental disponer de una página web eficaz a la que canalizar todas las posibilidades de contratación.

También es vital en la puesta en marcha de esta estrategia poder contar con los recursos necesarios para llevar a cabo un trabajo continuo y focalizado en aquellos sectores de nuestro interés, así como escuchar al cliente, con el cual deberemos interactuar constantemente.

Por otra parte, hay que prestar mucha atención a la hora de seleccionar palabras claves que puedan servir para que nuestra empresa y sus servicios sean fácilmente localizados. Tampoco se puede olvidar la otra cara de la moneda, es decir la obtención de información relevante sobre el sector en cuestión, que nos permita saber no sólo qué está acaeciendo en el mercado, sino que también qué se dice de nosotros.

Pero, además, todas estas herramientas digitales deben trascender la realidad virtual y servir para fomentar la participación en jornadas, seminarios o congresos y, *sensu contrario*, nutrirse de estos últimos para crear foros en la red en los que se analicen diferentes temas de interés para nuestro círculo de seguidores.

- Cuando de lo que se trata es de abordar los temas relacionados con la sostenibilidad, todavía son muchos los que, aun siendo conscientes de la necesidad de asumir esta variable en la gestión general de la empresa, la ven como un coste y no como una oportunidad de diferenciarse de la competencia, de mejorar la eficiencia de sus procesos, de reconciliarse con sus diferentes grupos de interés o incluso de conseguir la propia supervivencia económica.

Al abordar la triple cuenta de resultados de la sostenibilidad, las responsabilidades relacionadas con los factores ambientales y sociales se perciben con cierta claridad aun cuando en ocasiones no se esté de acuerdo con ellas. La mayoría identifica las acciones susceptibles de ser perjudiciales para el entorno ambiental o social y probablemente sea conocedora de las medidas a tomar para evitarlas o corregirlas, aunque también esté en disposición de refutarlas en aras de una supuesta viabilidad económica de la organización. Sin embargo, es precisamente respecto a esa dimensión económica, de la que se tiene una idea más difusa de cuáles son las responsabilidades de los gestores empresariales.

En mi opinión, se tiene un concepto demasiado cortoplacista de la viabilidad económica, basado muchas veces en salvar el ejercicio en curso o, a lo sumo, en pensar en los dos o tres posteriores, cuando el objetivo debería ser a mucho más a largo plazo, para lo cual se hace imperativo contemplar y promocionar la investigación, la innovación y el respeto a la libre competencia. Esto permitiría el establecimiento de nuevos marcos de actuación, el perfeccionamiento de procesos productivos más eficientes, el desarrollo de productos que satisfagan nuevas necesidades y, por ende, la supervivencia tanto de sectores industriales en su conjunto como de empresas concretas.

- Por último, al tratar el tema de la internacionalización, y siempre salvaguardando lo llevado a cabo por los más grandes y algunos pioneros, son minoría los que se aventuran a dar el salto, a pesar tanto del clima favorable que reina en nuestra sociedad como de la ayuda que prestan entidades como las cámaras de comercio.

Es cierto que rebasar nuestro tradicional ámbito geográfico de actuación ha venido siendo más difícil que acometer cambios puntuales de más o menos envergadura en las organizaciones ya consolidadas, pero no lo es menos que gracias a los avances proporcionados por el mundo digital y las diferentes herramientas en que éste se concreta, nunca como en la actualidad ha sido tan fácil darse a conocer en los rincones más recónditos de nuestro planeta ni las transacciones comerciales han sido tan seguras y sencillas.

En este sentido, es fundamental la confianza de que proveen los diversos mecanismos de evaluación de la conformidad tanto a nivel nacional como europeo o incluso internacional, garantizándonos la calidad de los productos, el respeto de las condiciones laborales o el cuidado del Medio Ambiente.

Por lo tanto, hay que dar un paso a delante, disponer de productos y servicios óptimos y promocionarse por todo el mundo, sirviéndose de las oportunidades que las nuevas tecnologías nos brindan.

06 ENE 2012

# 23

# COMUNICACIÓN AMBIENTAL

Aunque la realidad sea única y haya sido siempre así, nosotros la percibiremos de un modo u otro dependiendo de la naturaleza de las ondas que se reflejen sobre ella y de las circunstancias del medio. No será lo mismo contemplar un paisaje alpino en una mañana de primavera que en una tarde de invierno.

Del mismo modo, nuestra interpretación de las diferentes acciones humanas dependerá de cómo nos hayan informado sobre las mismas. Así, tras la adopción de una determinada medida por parte de un gobierno, la reacción no será la misma si éste, previamente, la ha anunciado y ha habido debate social que si lo hace apresuradamente tras su aprobación; si se presenta con claridad o se camufla, pongamos por caso, en una ley de acompañamiento a los presupuestos; si se presenta en el parlamento o en el fragor de un mitin electoral.

Así mismo, la percepción de esos hechos variará en función del ánimo de quien recibe el mensaje. No interpretará lo mismo una sociedad optimista que una desilusionada, un pueblo concienciado que otro poco motivado o apático.

También va a influir en gran medida el canal por el que discurra el mensaje, ya que dependiendo de que se utilice la prensa escrita, la televisión, la radio o las redes sociales, aquel va a llegar preferentemente a un público u otro, y la calidad e intensidad de la información serán distintas.

Manejando con habilidad cada uno de los factores que integran el proceso comunicativo, podremos modular, modificar e, incluso, manipular el mensaje, si bien con la revolución habida en este ámbito en las últimas décadas, cada vez será más fácil evitar que esto ocurra, ya que la comunicación es progresivamente más democrática y ha dejado de ser coto particular de unos pocos privilegiados, llámense estos: gobiernos, grandes grupos empresariales o élites intelectuales.

El Medio Ambiente no va a ser una excepción que se pueda abstraer de lo dicho hasta ahora. Por el contrario, se trata de un concepto paradigmático que maneja simultáneamente términos sencillos y cotidianos y otros complicados y de alto nivel técnico, en relación con el cual hay una alta sensibilidad que puede conducir, con facilidad, a la alerta social y, por si fuera poco, afecta a factores indispensables para la vida que, aunque muchas veces los hemos considerado infinitos y gratuitos, empezamos a ver que no lo son, lo que hace que no sea difícil caer en la manipulación.

El tema es harto complicado y no creo que en un simple artículo se pueda no sólo resolver, sino que ni tan siquiera hacer un diagnóstico medianamente serio, pero, aun así, no me resisto a abordar con unos ejemplos una aproximación que nos pueda servir para reflexionar sobre lo que está ocurriendo con la información ambiental:

- Cuando abordamos lo que se dice en relación con el Medio Natural, es frecuente que escuchemos noticias tales como que se han plantado 10.000 árboles. ¿Qué significa esto? En cifras absolutas parece un gran número, son muchos árboles, pero ¿a cuantas Hectáreas corresponde? y ¿qué porcentaje de la superficie española representa?, ¿qué garantía de éxito tenemos?, ¿qué especies se han elegido? Al final, la conclusión puede ser descorazonadora.

- Si nos referimos a la Energía y analizamos las centrales nucleares y los peligros que éstas conllevan, no debemos olvidarnos de otros aspectos como puede ser el ahorro de $CO_2$ que suponen, máxime, cuando éste es uno de los objetivos que se han planteado nuestras sociedades.

- Si hablamos de Movilidad y examinamos el coche eléctrico, enseguida nos asegurarán que no contamina y que no hace ruido, lo cual es una verdad a medias, porque probablemente no hayamos tenido en cuenta de dónde procede esa electricidad y en qué condiciones se ha generado. En esta misma línea, si de lo que se trata es de la alta velocidad, es cierto que el viaje en tren es más eficiente que el efectuado en avión, pero ¿nos hemos planteado los *habitats* que fractura o los paisajes que altera?

- Cuando tratamos de las energías renovables, el discurso es parecido. En teoría son completamente inocuas, pero rara vez nos planteamos hacer un balance serio de cuál es el coste de producir la electricidad de ese modo. Es verdad que la energía producida por una placa fotovoltaica no genera emisiones, pero ¿cuánto se ha contaminado para fabricar esa placa? y ¿cuánto ha costado?

- Si se trata de Residuos y contemplamos los sistemas de retorno de envases, enseguida nos intentarán convencer del ahorro energético que supone la reutilización de cascos y botellas, pero seguramente olvidaran decirnos que esa botella de ½ kg se tiene que transportar 500 Km. en un camión para rellenarse con 1 litro de agua y volver a recorrer otros tantos Km. para devolvérnosla.

- Y cuando hablamos de parques y jardines, ¡cuánta demagogia hay! En este caso se hablará de miles de metros y de millares de flores, pero ¿qué significa eso?

Los ejemplos serían interminables, aunque las conclusiones muy parecidas, y en este sentido me atrevo a decir, sin perjuicio de análisis mucho más rigurosos, que la información ambiental, como la de cualquier otra índole, no sólo debe ser veraz, sino que además hay que hacer un esfuerzo por contextualizarla para poder interpretarla correctamente y debe ser valiente, de forma que no temamos relativizarla y confrontarla con otros valores para tener una visión certera de cuál es su verdadera dimensión. Sin embargo, en muchas ocasiones la noticia ambiental se presenta como un dato aséptico, absoluto, incuestionable e independiente de la realidad en la que surge, lo que hace que su interpretación se haga en base a parámetros y a través de conjeturas ajenas a la realidad en que aquella surgió, y por tanto fácilmente manipulable

09 MAR 2012

## 24

# MASTER PROFESIONAL DE INGENIERIA Y GESTIÓN MEDIOAMBIENTAL. MPIGMA 2012-2013

Con la llegada del otoño, comienza un nuevo curso académico y como Director del Máster Profesional de Ingeniería y Gestión Ambiental (MPIGMA) de la EOI, primera escuela de negocios de España, tengo el honor y la satisfacción de comenzar un nuevo ejercicio y no lo quiero hacer sin ponerme en contacto con todos aquellos que conformáis el entorno de nuestra organización.

Por eso, me dirijo a los que cursasteis el máster en ediciones previas para recordaros que con la graduación no concluye vuestra relación con la escuela. Por el contrario, ahora en vuestra calidad de antiguos alumnos formáis parte de la gran familia EOI y, como tales, tenéis a vuestro alcance la posibilidad de participar en todas las actividades tanto presenciales como virtuales que se irán organizando a lo largo del año y, de este modo, seguir profundizando las relaciones personales y profesionales que se fueron forjando en los meses precedentes.

También quiero acercarme a los que interrumpieron su formación durante el periodo estival para que la reanuden con, al menos, la misma ilusión con la que lo iniciaron hace unos meses, aunque ahora con nuevos compañeros.

Tampoco puedo olvidarme de todos los que no han dado todavía el paso de compartir con nosotros formación y amistad, para animaros a que valoréis la posibilidad de hacerlo y deis el paso que os permitirá entrar en este círculo de excelencia que supone ser máster por la EOI, que como muy bien sabéis se traduce no sólo en la adquisición de los últimos conocimientos ambientales de la mano de los más prestigiosos profesionales, sino que también en familiarizaros con el uso de las más modernas herramientas de gestión, así como en entrar en contacto con todo aquello que todavía se está gestando en relación con la sostenibilidad, sin olvidar el consejo y apoyo de los profesionales que forman parte de este proyecto, lo que supone que, al cabo de unos meses, os habréis situado en una situación privilegiada dentro del mundo de la Gestión Ambiental.

Pero todo esto no podría lograrse sin la colaboración de tantos y tantos profesionales de primer orden que trabajan con nosotros porque creen en la EOI y saben que entre todos estamos contribuyendo al desarrollo, difusión y prestigio de un sector tan importante como es el ambiental. Como es obvio, me estoy refiriendo a nuestro equipo de profesores que, procedentes de los más diversos ámbitos académicos y sectores industriales, están dispuestos a sacrificar parte de sus fines de semana para transfundir a las nuevas generaciones los conocimientos, experiencia y saber hacer acrisolados por ellos a lo largo de su vida profesional

Y por último, mi saludo va dirigido al personal de la Escuela, que nos aglutina y coordina a todos y conforma el esquema que tantas satisfacciones y éxito han dado y siguen dando al sector ambiental.

Feliz curso 2012–2013

23 SEP 2012

# 25

# CONSTRUCCIÓN, TURISMO Y MEDIO AMBIENTE

Aunque la construcción haya sido, en gran medida, la responsable de la modernización y el crecimiento de España, llevamos más de un lustro demonizándola y haciéndola responsable de todos los males que afectan a la economía nacional, cuando es un sector vital para nuestro país, que no sólo no podemos dejar languidecer, sino que, por el contrario, debemos reenfocar, teniendo en cuenta las nuevas circunstancias, fomentar y desarrollar con criterios de sostenibilidad ambiental, social y económica.

En España sabemos construir y lo podemos hacer muy bien. De hecho, muchos de los edificios más emblemáticos del mundo tienen nuestro sello. Ahora bien, eso no significa que siempre hayamos acertado y precisamente en los últimos tiempos se ha incurrido en gravísimos errores que nos pueden llevar a morir de éxito si no somos capaces de reflexionar y adecuar nuestro talento y saber hacer a las necesidades de la nueva situación que nos ha tocado vivir.

Desde el principio de la década de los 60, con el crecimiento de las ciudades como consecuencia de la emigración rural hacía éstas y la creciente urbanización del litoral mediterráneo para poner al alcance del cada vez mayor número de turistas el sol y la playa que demandaban, se inició un proceso constructivo desbocado, al que apenas se le puso coto, que al final nos ha llevado a la casi destrucción de los valores naturales que lo propiciaron y a unas ciudades hostiles, donde la vida se hace cada vez más complicada.

Para remediar esta situación, elegimos la huida hacia delante, construyendo túneles y autopistas que nos permitiesen atravesar las ciudades sin detenernos, palacios de congresos, líneas de alta velocidad, macro estaciones, aeropuertos y un sinfín de instalaciones que nos debían de proporcionar mejores condiciones de vida. No dudo que, en muchas ocasiones, lo hayan conseguido, pero en otras tantas, no lo hicieron y nos empujaron, por el contrario, hacia el abismo del despilfarro, la deuda y la destrucción de nuestros activos ambientales.

Ahora bien, que se hayan cometido errores y que estos hayan sido no sólo abundantes, sino que también muy graves no debe significar, nunca, que todo se hizo mal y que debamos quedarnos parados. Todo lo contrario, tenemos que aplicar con inteligencia y sensibilidad el martillo y el cincel sobre la masa informe de hormigón que hemos creado y hacer aflorar la obra de arte que hay dentro de ella.

Hagamos un inventario serio de lo que tenemos, identifiquemos lo que puede y debe permanecer y aquello de lo que hay que desprenderse. Pensemos qué nos falta y pongámonos manos a la obra sin prisas, poco a poco, pero con un plan serio, con inteligencia, teniendo muy en cuenta los aspectos ambientales, los sociales y los económicos, a largo plazo.

Una de las principales fuentes de ingresos de España, el turismo, y en concreto el hoy tan denostado de sol y playa, nació y se desarrolló merced a unas condiciones ambientales excepcionales que en muchas ocasiones se han perdido como consecuencia de la urbanización, la sobre-edificación, la falta de infraestructuras, el ruido, los olores, el tráfico, la masificación, el hacinamiento, y en definitiva el deterioro de la naturaleza. Si lo pensamos un poco, en algunas zonas hemos cambiado el sol y la playa por el alcohol y la noche, pero ¿queremos eso?

Me atrevo a responder que esto no es lo que nos gustaría, al menos de forma general, sin embargo, me aventuro a afirmar que la solución está en buena medida en la construcción, en una construcción responsable basada en criterios ambientales, eficiente energéticamente, respetuosa con las tradiciones, que tenga en cuenta a la gente, sin temor a suprimir los errores y que esté dispuesta a prescindir del corto plazo y la especulación.

Habría que definir qué paisaje queremos alcanzar en nuestras costas e ir hacia él para que cada año tengamos un entorno un poco mejor. Invirtamos en derribar lo obsoleto, lo caduco, lo que afecta más al medio natural y realcemos y mejoremos lo que merezca la pena. Ahuequemos la línea costera, construyamos parkings, plazas, paseos y parques. Dejemos un poco de lado las autopistas y construyamos carriles bici de verdad, seguros y agradables y no meras coartadas electorales. Mejoremos las carreteras comarcales que conectan los pueblos. Hagamos depuradoras y colectores que nos libren de los malos olores. Alejemos el tráfico y busquemos alternativas de transporte público para liberarnos del ruido.

Con las ciudades pasa algo parecido. Atraídos por las oportunidades que estas ofrecían, nos hemos apiñado en torno a núcleos relativamente pequeños y carentes de las infraestructuras necesarias, lo que nos ha empujado a prescindir de aceras, bulevares y plazas, y cuando ya no podíamos vivir allí, nos hemos trasladado a las afueras, dejando los viejos barrios al albur del olvido y la degradación. Del mismo modo que para el caso del litoral, deberíamos pararnos a pensar qué queremos y actuar con procesos ambiciosos de rehabilitación integral de barrios, aplicando la piqueta en donde sea necesario y la rehabilitación en la mayoría de los casos, dotando de servicios, armonizando edificios y calles, de modo que a medio plazo vivamos en la ciudad que nos hubiera gustado habitar.

Esto mismo se puede y se debe hacer en el mundo rural. Tenemos 8.000 municipios, la mayoría de los cuales languidece, poco a poco, por falta de población, cuando hoy en día, con la revolución tecnológica, mucha gente se puede liberar de la esclavitud del trabajo presencial y conciliar una actividad profesional con el disfrute de una vida más próxima a la naturaleza, a la vez que evitamos la pérdida de valores y costumbres tradicionales, luchamos contra el abandono del campo y ensayamos nuevos modelos de desarrollo económico y social que nos hagan más felices.

Por último, no nos olvidemos de que si bien los edificios y las infraestructuras no se pueden exportar tan fácilmente como los automóviles, nuestro saber hacer y experiencia sí, lo que nos está permitiendo, ya, estar presentes en multitud de mercados y poder subsistir mientras ponemos orden en casa.

20 OCT 2012

## 26

# INFLACIÓN LEGISLATIVA

Cuando hay verdadera voluntad de alcanzar un objetivo, sea éste de la naturaleza que sea, se procede con determinación, mediante instrucciones concretas, sencillas, directas y sin dar oportunidad al circunloquio o la distracción. En este sentido, la mayoría de las grandes religiones se ha mantenido e incluso ha progresado a lo largo de la historia en base a unos pocos preceptos claros, concisos e inmutables, y en torno a ellos se ha regido la vida de millones de almas durante siglos, incluso milenios.

Hoy en día, en una sociedad un tanto descreída, pero en la que ciertas corrientes sociales vuelven a resucitar a la madre naturaleza como la diosa creadora, existe un amplio consenso en relación con la necesidad de conservar nuestro entorno porque, con independencia de matices, casi todos somos conscientes de que, tras siglos de cierta simbiosis con el medio, en las últimas décadas se han cometido tales abusos que se ha llegado a situaciones extremas, cuando no irreversibles, a las que debemos poner coto.

La calidad del aire es preocupante no sólo en las grandes ciudades y zonas industriales, sino que también en zonas remotas y poco pobladas a las que se trasladan, por ejemplo, los efectos de la contaminación por ozono o las consecuencias del cambio climático.

Los ríos, los lagos e incluso los océanos muestran signos de deterioro y agotamiento que hacen imperioso vigilar las actividades humanas en su rededor para mantener un mínimo de calidad en sus aguas y preservar la vida en ellos.

El territorio se urbaniza de forma masiva, erigiendo barreras que hacen inviable la coexistencia del hombre con el resto de inquilinos del planeta azul.

Y por si fuera poco esto, el ruido, los malos olores, el exceso de luz o la destrucción del paisaje, entre otros, deterioran de tal manera nuestro hábitat que, de algún modo, habrá que regular y poner freno a quienes perturban nuestro entorno. Y la manera más lógica, rápida y efectiva de hacerlo es a través de la Ley, si bien no podemos olvidar la función de la formación, la concienciación, la incentivación y en general cualquier otra herramienta de carácter voluntario o al menos no tan coercitiva.

Ahora bien, centrándonos en el objeto de esta reflexión, cuando analizamos lo que está ocurriendo, al menos en España, con la legislación ambiental, la que trata de preservar o, en su caso, recuperar el escenario global sobre el que transcurre nuestra existencia, observamos que, al contrario de lo que caracteriza a las grandes corrientes de pensamiento que se sirven de pocos principios y claros, proliferan multitud de fuentes legislativas que regulan hasta el mínimo detalle, sin preocuparles los recursos ni tener en cuenta lo que se hace pocos kilómetros más allá de su jurisdicción.

Como consecuencia de esta inflación legislativa, agravada por la diversidad de sus fuentes, por el elenco de organismos de aplicación y por la variedad de agentes responsables de su funcionamiento, se produce una burocratización de la protección ambiental que se traduce, en no pocas ocasiones, en el solapamiento de regulaciones, la coexistencia de normas contradictorias, los conflictos de competencias, la dejación de responsabilidades y, en definitiva, una dispersión de medios y voluntades que hacen menos efectivo el fin último de protección y recuperación de nuestro hábitat.

Ahora bien, esto con ser importante no deja de ser un burdo diagnóstico que soslaya la gran variedad de síntomas y efectos que esta situación genera, la gran mayoría de los cuales interaccionan y se retroalimentan entre sí, concibiendo una masa tumoral que consume los pocos recursos disponibles y deteriora la reputación del sistema. Sin ánimo de ser exhaustivo, me gustaría pasar revista a algunos de los rasgos que definen este escenario:

- El modelo actual de protección ambiental, caracterizado por estar muy fragmentado, no sólo incurre en elevados costes, sino que ni es eficaz ni mucho menos eficiente.

- Rompe, en muchos casos, la unidad de mercado y atenta contra la libre competencia, entorpeciendo el pilar económico de la sostenibilidad.

- Fomenta el "efecto frontera" tanto en su dimensión económica, al poder favorecer la implantación de industrias en un territorio o en otro en virtud de la diferente benevolencia de normas y prácticas administrativas como ambiental, al darse protecciones diferentes a ambos lados de una línea imaginaria. Así, la caza de una determinada especie puede ser delito en una comunidad, infracción administrativa en la adyacente o incluso ser legal en otra.

- Genera falta de confianza y desprestigio respecto al sector ambiental, perdiendo para la causa a todos aquellos que no están completamente convencidos y esperan cualquier coartada para justificar su falta de apoyo.

- Es un modelo complicado de conocer y gestionar en el que intervienen actores internacionales, europeos, nacionales, autonómicos y locales, lo que hace que su conocimiento sea difícil de abarcar tanto por la sociedad en general como por el sector productivo. Además, en ocasiones favorece los enfrentamientos territoriales.

- A veces es tan exhaustivo y no fija suficientemente las prioridades que se hace imposible de poner en marcha por falta de medios, quedándose algunas políticas en meras declaraciones de intenciones.

En definitiva, nuestro modelo de Protección Ambiental se caracteriza por una gran fragmentación territorial y competencial que se traduce en un coste económico muy alto y una poco eficiente asignación de medios que, en ocasiones, puede conllevar la falta de tutela de algunos recursos naturales. Por el contrario, la Naturaleza no conoce fronteras, y menos administrativas, por lo que se debería legislar globalmente y gestionar localmente. Las reglas de juego deberían ser pocas, claras y tender a la universalidad, y la vigilancia, seguimiento y control cercanas al territorio y a las gentes. Sólo así, seremos no sólo eficaces, si no que también, eficientes.

20 ENE 2013

# 27

# EL PAISAJE COMO SÍNTOMA

El paisaje es un factor ambiental al que, en ocasiones, se le da poca importancia, cuando no se le desprecia. Para algunos, se trata de una cuestión meramente estética que puede, incluso, rozar la frivolidad y por tanto no debe detraer recursos, siempre escasos, de otras áreas consideradas más importantes, sobre todo, en tiempos de dificultades sociales y económicas.

Nada más lejos de la realidad, el paisaje, al igual que cualquier otro recurso, tiene un valor intrínseco que proporciona beneficios de toda índole, algunos de marcado carácter económico tanto para las personas consideradas individualmente como para las empresas o la sociedad en su conjunto, y ya sólo por eso debería ser objeto de especial atención. En este sentido, podríamos referirnos al valor sentimental de los paisajes en los que transcurrieron momentos importantes de nuestras vidas o a la paz que nos proporciona el paseo por un bosque o una playa, pero, además, no podemos olvidar que sectores económicos tan importantes como el turismo, el ocio o la caza están ligados directamente a esta variable ambiental.

Ahora bien, centrándonos en el objeto de esta reflexión, el paisaje es un indicador del estado de salud de un ecosistema. Del mismo modo que decimos que la cara es el espejo del alma y que, como tal, refleja la alegría, la tristeza, la bondad, la avaricia o la angustia de las personas; el paisaje deja traslucir la salud, el ánimo e incluso el futuro de un territorio. Por esto, es importante estar atentos a nuestro entorno y conservar, promover y recuperar aquellos parajes que a lo largo de los siglos han demostrado irradiar vida, armonía y belleza con relativo poco esfuerzo, porque esos son los que expresan la buena salud del escenario que les ampara y da vida.

Sin embargo, esto no debe implicar que la única solución sea dejar hacer a la naturaleza y regresar a los tiempos de la creación. Aunque haya regiones con esa vocación y debamos preservarlas, hay multitud de ecosistemas con gran influencia humana que han demostrado sobradamente su sostenibilidad y buena salud; es el caso de las dehesas, los prados, los olivares, las choperas y muchos otros. Lo que debemos hacer es observarlos con detenimiento, aprender de ellos y transpolar las lecciones al resto de nuestra geografía.

Cuando viajas por muchas regiones de España y atraviesas enormes campos de cereales, a poco que te fijes, te das cuenta de que su vocación no es ésta y que en cuanto la vida tiene una oportunidad, la aprovecha y hace acto de presencia alguna encina o pino que por desgracia son descuajados año tras año. Hace falta pan, seguro, pero no a costa de convertir las tierras en desiertos biológicos. ¿Por qué no se flanquean de árboles los caminos?, ¿por qué no se repueblan los baldíos y tierras con mayor desnivel?, ¿por qué no se arbolan las riveras de ríos y caceras?, ¿por qué no se favorecen los *bocages* entre las diferentes propiedades?, ¿por qué se desecan las lagunas?, ¿por qué?

Son sólo ejemplos concretos, pero suficientemente gráficos como para hacernos ver que cuando creamos o, mejor dicho, permitimos que se cree paisaje, no sólo generamos belleza y armonía, sino que evitamos la erosión, favorecemos la biodiversidad, fijamos población al medio rural y, al final, estimulamos la economía, al favorecer la actividad forestal, el turismo, la micología o la caza.

En definitiva, un paisaje armónico, variado, con contrastes, es decir bello, es indicador de una naturaleza en buenas condiciones en la que se favorece la biodiversidad, la protección del suelo, el buen uso del agua y demás recursos, y por ende la oportunidad de generar riqueza a largo plazo.

26 ENE 2013

# 28

# NUESTROS AMIGOS LOS ÁRBOLES

En un país como España en el que, en muchas de sus regiones, la presencia de vida vegetal superior es poco menos que anecdótica, cabría pensar que la existencia de algún individuo de cierto porte podría suscitar si no nuestro entusiasmo sí, al menos, una cierta dosis de curiosidad que, eventualmente, pudiera derivar en una relación un poco más apasionada.

Pero no, la mayoría de nosotros somos tan indiferentes a nuestros compañeros de reparto en el escenario vital en el que nos ha tocado desenvolvernos que, por no saber, no sabemos, ni siquiera, distinguirlos entre sí, no siendo nada infrecuente que el máximo grado de conocimiento no rebase la pueril distinción entre árboles y pinos según sean o no perennifolios.

Ahora bien, esa indiferencia no es sólo por esas masas aparentemente informes y monótonas que hemos dado en llamar bosques, montes o dehesas que para muchos están integradas por individuos clónicos imposibles de individualizar. No, nuestra insensibilidad va mucho más allá y ni tan siquiera somos capaces de reconocer aquellos ejemplares singulares creadores, por sí mismos, de paisaje y testigos mudos del nacimiento y ocaso de generaciones, estirpes y linajes. Están allí y con eso basta.

Nadie se acerca a ellos a participarles sus penas, frustraciones, anhelos o ilusiones. Nadie trata de averiguar qué vieron o escucharon sus copas, de qué secretos son custodios, de qué traiciones fueron testigos o qué amores protegieron con su sombra. ¡Qué lástima no querer contar con el consejo de gente tan veterana, con tanta experiencia, con tantos otoños a sus espaldas!

No los queremos ni como confesores ni como psiquiatras, a pesar de que son los que mejor escuchan y menos reprochan y los que, con su paciencia infinita y hablar pausado, mejor nos animan, serenan y reconfortan, haciéndonos ver las cosas más claras. Porque los árboles se comunican con nosotros a través de los aromas que desprenden, el cimbreo de sus troncos, el balanceo de sus ramas o el susurro de sus hojas. En la conversación con los árboles, estos siempre nos van a proporcionar lo que necesitemos, aconsejándonos desde el corazón de la tierra donde hunden sus raíces y obtienen la sabiduría eterna de la tierra.

Por todo esto, estoy convencido de que debemos experimentar el placer de distinguirlos, conocerlos, darles nombre, hablar con ellos e incluso abrazarlos, porque los árboles han demostrado ser compañeros fieles que en su día velaron las andanzas de nuestros mayores y, si los cuidamos y respetamos, podrán seguir aderezando las de nuestros descendientes.

Cuando salimos de casa, al doblar la esquina, seguro que hay un plátano de sombra, un olmo, un arce o cualquier otro arbolillo que nos regala un atisbo de sombra en verano, una nota de color en otoño o nos anuncia la siempre ansiada primavera, sin contar la música que proporcionan su variado elenco de inquilinos alados y, sin embargo, pocas veces nos detenemos y les dedicamos una mirada o una sonrisa. En el campo la cosa no es muy distinta, ¿quién le presta un momento a esa vieja encina relegada a un minúsculo baldío entre tierras de labor interminables o a ese ciprés apoyado en la valla del cementerio que sólo vemos de soslayo cuando no tenemos más remedio que acompañar a un difunto a su última morada o al chopo rugoso que hay junto a la fuente otrora concurrida y hoy casi olvidada?

Animémonos y amemos a nuestros árboles, distingámoslos, démosles nombres, compartamos con ellos nuestras penas y alegrías, hablémosles, y tengamos por seguro que recibiremos mucho más de lo que podamos haberles entregado, porque no hay ser más abnegado, generoso y agradecido que el árbol.

Probad a abrazar un árbol y permaneced unidos a él susurrándole vuestras congojas, y comprobaréis como os las arrebatan y os purifican sin pediros nada a cambio.

07 JUL 2013

# 29

# EL AGUA: RECURSO ESCASO Y MAL GESTIONADO

El agua no es vida, pero es imprescindible para que ésta exista, y de ser un bien en apariencia abundante, se ha convertido, en la mayor parte del planeta, en un recurso escaso y desigualmente repartido, de cuya correcta gestión depende no sólo la sostenibilidad ambiental, sino que también la social y la económica.

A lo largo de las últimas semanas, he dejado discurrir por mi cuenta de Twitter pequeñas "gotas" en relación con este líquido elemento que aprovecho la ocasión para recopilarlas y ordenarlas de acuerdo a un criterio lógico tratando, con ello, de alumbrar una breve reflexión sobre este recurso y la gestión que de él se debería llevar a cabo.

DISPONIBILIDAD DEL RECURSO:

- El reto del siglo XXI será abastecer de agua a 9.000 millones de personas que vivirán mayoritariamente en grandes ciudades.

- Habría agua para todos, si no fuera por la contaminación y la mala gestión que se hace de este recurso.
- Un tercio de la población mundial todavía no tiene acceso a una red de saneamiento de aguas residuales.
- La humanidad se enfrenta en este siglo al reto de garantizar el acceso al agua potable a una población que se multiplica geométricamente.
- La escasez de agua tiene dimensión global y la solución también debe ser abordada globalmente
- El agua, como otros recursos naturales, no la valoramos hasta que nos falta y su precio no se corresponde, casi nunca, con su verdadero valor
- Haya o no cambio climático, que parece que lo hay, debemos adelantarnos y prevenir sus efectos sobre el ciclo del agua

GESTIÓN:

- El agua es un bien común inalienable, cuya gestión se deberá realizar por aquel que lo pueda hacer del modo más eficiente y con el menor costo.
- En la gestión sostenible del agua, el compromiso de la sociedad con un consumo responsable juega un papel muy importante.
- Las depuradoras por sí solas no son garantía de calidad del agua, es importante una operación y mantenimiento adecuados por manos expertas.

- Es vital la colaboración público privada para avanzar en la eficiencia en el sector del agua y contribuir a la sostenibilidad.
- Para garantizar el agua a la humanidad, debemos compaginar sabiduría y experiencia con innovación e investigación.
- El futuro de la tierra depende en gran medida de la gestión que hagamos en la actualidad del agua.

ECONOMÍA:

- En un país eminentemente turístico que visitan todos los años decenas de millones de personas, el agua es nuestra mejor tarjeta de visita.
- Una buena gestión del agua contribuye a incrementar la competitividad del sector turístico y a proyectar una mejor imagen del país.

SALUD:

- La tecnología en la gestión del agua contribuye a la eficiencia, pero también a velar por su calidad y evitar la propagación de enfermedades.
- Si cuidamos el agua, contribuimos al bienestar de las personas y protegemos la vida.
- La salud de más de 1.000 millones de personas corre peligro por falta de agua de calidad.

SOSTENIBILIDAD:

- Sin acceso al agua potable y al saneamiento, no sólo no hay sostenibilidad tampoco dignidad.

- La correcta depuración de las aguas residuales constituye uno de los factores claves de la sostenibilidad y el desarrollo.

- Si reutilizamos el agua, dispondremos de casi el doble del recurso y contribuiremos a la sostenibilidad de nuestra sociedad.

- Para alcanzar la sostenibilidad, hay que disponer de redes de abastecimiento de agua eficientes y evitar las fugas.

- Una red de saneamiento de aguas residuales moderna y profesionalmente atendida contribuye a la sostenibilidad de nuestros ríos.

- La sostenibilidad de nuestra sociedad pasa inexorablemente por la atención urgente a un recurso escaso y a veces mal gestionado: el agua.

- La gestión eficiente del agua incrementa la competitividad de las empresas y, por tanto, la sostenibilidad económica, social y ambiental.

- Si cuidas los recursos naturales, cuidas a las personas y contribuyes a la sostenibilidad económica, social y ambiental

Quizás sobren algunas de las sentencias que obran más arriba y, con certeza, faltan muchísimas otras, pero estas han sido las que a lo largo de varias semanas he ido compartiendo con mis seguidores de Twitter con la intención de que fueran calando, cuan lluvia fina, si bien desordenada, en la mente de todos ellos, con el objetivo de hacerlos conscientes, aunque a retazos, de una realidad a veces complicada, pero todavía con soluciones a nuestro alcance.

20 JUL 2013

# 30

# BREVE MISCELANEA AMBIENTAL

Al igual que hice hace algún tiempo con el Agua, en esta ocasión he recogido las pequeñas sentencias que, en relación con temas ambientales no directamente relacionadas con este recurso, he ido vertiendo en twitter en las últimas semanas.

Son frases cortas, como requiere el medio, que no forman parte de un discurso predeterminado ni traen causa de hilo conductor alguno. Por el contrario, han brotado espontáneamente y, del mismo modo, se han colado en esta red social sin más filtro ni sistema que el impuesto por los preceptivos 140 caracteres.

Mi única labor ha sido corregir alguna falta, transcribirlas y ordenarlas por grandes bloques temáticos, pero, muy bien, podrían haberse trasladado según vieron la luz, manteniendo la frescura y anarquía que imprime la improvisación.

OTRAS CONTAMINACIONES:

- La gestión de olores, ruido, paisaje y otros "contaminantes menores" es muy importante para el sector turístico.
- La cara es el espejo del alma y el paisaje trasluce la calidad de los ecosistemas.
- El paisaje es fiel reflejo de la salud de un ecosistema.
- Ruido, olores y exceso de iluminación nocturna son otras formas de contaminación que percibimos más en verano.

AIRE LIBRE:

- ¡Pasead al alba por los pinares de las llanuras segovianas y respirad el viejo aroma de las resinas naturales!
- Estamos en pleno periodo de siega, ¡cuidado con las avutardas y demás aves esteparias!
- Tras una primavera húmeda y un comienzo de verano suave, nuestros árboles podrán superar el estío sin el stress de años pasados.
- Las noches de verano tienen un embrujo especial, y si es fin de semana y hay luna llena todavía más. ¡3 por el precio de 1!

RESIDUOS:

- Una gestión adecuada de los residuos evita daños ambientales y contribuye al ahorro energético y a la competitividad.
- Los residuos plásticos constituyen un tapón que impide alcanzar la sostenibilidad.

GESTION:

- En los años 30, los ingenieros de montes españoles ya hacían una explotación forestal sostenible en Guinea Ecuatorial.
- Gracias al tesón del alcalde de Coca, después de 30 años, ya se resinan más de 1,5 millones de pinos en España.
- Si cuidas los recursos naturales, cuidas a las personas y contribuyes a la sostenibilidad económica, social y ambiental.
- Emprendedores, como linces, haberlos "haylos" pero cuando los dejas en libertad ambos terminan atropellados.
- Nuestro patrimonio histórico es parte de nuestro entorno, colaboremos en su conservación. Protejamos nuestros castillos.

Confío en que esta poco más de una docena de frases nos haya podido ayudar a reflexionar acerca de algunos factores ambientales sobre no pocos de los cuales normalmente no solemos detenemos a pensar y, en consecuencia, seamos más conscientes de ellos a partir de ahora.

04 AGO 2013

# 31

# QUÍMICA SOSTENIBLE.
# LAS RESINAS NATURALES
# DEL SUR DE EUROPA

Cuando todavía nadie creía que los pinares de las llanuras segovianas se pudiesen volver a resinar, Juan Carlos Álvarez Cabrero, alcalde de Coca, nieto de resineros y guardián del legado científico de viejos ingenieros de montes, luchaba por toda España por resucitar una actividad que, mientras otros dieron por muerta, él sabía que sólo dormía.

En febrero de 2011, después de recorrer los pinares de Coca con Juan Carlos, publiqué mi primer artículo sobre las resinas naturales procedentes de los montes de *pinus pinaster*. Entonces ya se percibía que el resurgir del sector era inminente. El trascurso del tiempo no ha hecho otra cosa que corroborarlo, y no sólo porque sea universalmente reconocido que ya se resinan en España casi dos millones de pinos o porque esta industria haya generado varios miles de puestos de trabajo en el ámbito rural, sino que, sobre todo, porque cuando viajas o paseas por las comarcas antaño resineras vuelves a ver, sin necesidad de hacer ningún esfuerzo, grandes masas de pinares en explotación con todo lo que eso conlleva: montes limpios y bien gestionados en los que está presente la gente.

Un hito fundamental lo constituyó el II Simposio internacional de Resinas Naturales que tuvo lugar en abril de 2013 en Coca con el auspicio de su Ayuntamiento, de la Junta de Castilla y León y del Ministerio de Agricultura Medio Ambiente y Alimentación. En él se dieron cita representantes del mundo científico, de la Administración, de la empresa y de los propios resineros que tuvieron la oportunidad de poner en común sus objetivos, problemas, anhelos y recuerdos. Fruto de todo ello, se consensuaron unas conclusiones encaminadas a hacer crecer y mejorar este sector.

A raíz de mi asistencia a este evento, me planteé la obligación de llevar a cabo pequeñas intervenciones divulgativas en las redes sociales que fueran informando a mi modesto entorno de los beneficios que implica la reactivación de esta ancestral actividad, que he recopilado, y hoy comparto con todos vosotros:

- Los pinares resineros están muy bien, pero si se reservasen franjas para otras especies estaría todavía mejor.
- Visitar los pinares y acompañar a los resineros, sí que es Turismo Rural.

- Pinares resineros, ejemplo de cómo obtener beneficio económico, dando empleo, sin contaminar y sin comprometer el futuro.
- Tras la recuperación del aprovechamiento de las Resinas Naturales, es necesaria la profesionalización del resinero y su reconocimiento social.
- Las Resinas Naturales implican efectos de tres tipos: económicos, sociales y ambientales; esto es Sostenibilidad.
- Cuando el bosque da de comer, es mucho más difícil que se queme.
- Las Administraciones Públicas deberían luchar por integrar las Resinas Naturales en la Política Agrícola Común de la Unión Europea.
- Las Resinas Naturales favorecen una industria química tradicional y respetuosa con el entorno y fijan población al medio rural
- Resinas, piñones y setas la trilogía del pinar.
- El mejor guarda-bosques es el resinero.
- El resinero apaga los fuegos en invierno.
- La explotación de los pinos resineros proporciona productos naturales, fija población rural y previene los incendios.
- Este verano he constatado que los resineros han vuelto a los pinares castellanos, esperemos que continúen muchos años.

Se ha hecho lo más difícil que es poner en marcha un pesado tren de vagones desvencijados y vías oxidadas e invadidas por la vegetación. Ahora, debemos aprovechar la inercia adquirida para crecer, hacer las cosas mejor y sobre todo invertir en investigación, innovar para ampliar el horizonte, conseguir mejores condiciones de trabajo y obtener mayores rendimientos económicos, de modo que en el próximo cambio de ciclo no dé al traste con el esfuerzo, la ilusión y la confianza invertidos, por tanta gente en los últimos años, para recuperar una forma de vida tan íntimamente ligada a nuestro medio natural.

18 OCT 2013

# 32

# ESPECIES INVASORAS VS AUTOCTONAS

Cada vez es más frecuente y más polémico el debate sobre la invasión que se está llevando a cabo por parte de especies exóticas que, bien por sus propios medios, bien con la ayuda de terceros, están ocupando ecosistemas en los que hasta hace poco eran desconocidas.

En una primera aproximación, podría parecer que se trata de un tema meramente romántico, nostálgico, cultural o incluso ideológico y, aunque por supuesto que connotaciones de todos ellos no le faltan, no deberíamos obviar que alcanzar ese equilibrio, que en muchos casos se está rompiendo hoy por esta causa, ha costado muchos milenios de evolución y ha permitido la supervivencia de ecosistemas altamente complejos a lo largo de los siglos.

En aquellos ecosistemas tradicionales menos alterados por el ser humano, han convivido secularmente multitud de especies vegetales y animales en un equilibrio dinámico que, incluso, ha propiciado la actividad económica de forma permanente, y sólo cuando ha habido una catástrofe natural de gran magnitud o el propio homo sapiens ha sobrepasado el umbral de tolerancia de ese entorno, se ha llegado a situaciones de rendimientos decrecientes a veces irreversibles. Este es el caso de las talas masivas en zonas semiáridas y de relieve difícil donde la pérdida de suelo fértil, como consecuencia de la erosión, ha convertido bosques en estepas desérticas y ha propiciado la sustitución de unos ecosistemas de gran valor por otros mucho menos complejos.

Con esto, no quiero decir que debamos convertir el mundo en compartimentos estancos o *ghettos* ecológicos que congelen el entorno que consideremos ideal. No, no pretendo nada de eso, siempre ha habido cambios de origen natural o antropogénico y permeabilidad entre los ecosistemas más próximos, y las diferentes especies han ido avanzando o retrocediendo según iban alterándose las condiciones climáticas, sin embargo, hoy en día las alteraciones introducidas por el hombre son de tal magnitud que la supervivencia de muchos de ellos penden de tan poco, que cualquier cambio adicional podría condenarlos definitivamente.

Para ilustrar esto me querría referir a dos ejemplos de respuesta ante los incendios protagonizados por dos ecosistemas distintos, uno climático y otro, por decirlo de forma más suave, menos autóctono, aunque bien adaptado:

- Alcornocales de las Sierras de Marbella y Ojén. En septiembre de 2011 y 2012, sendos incendios calcinaron varios miles de hectáreas de las serranías de estas poblaciones, dejando en ambas ocasiones un paisaje de tierras calcinadas y aparentemente yermas. Sin embargo, tanto en la primera primavera como en la segunda los alcornoques volvieron a brotar, así como el sotobosque que lo escoltaba, mientras que los pocos pinos que por allí había desaparecieron para siempre.

- Pinares de Guadalajara. En el verano de 2005, hubo un gran incendio forestal en las sierras de esa provincia en el que murieron una docena de personas que colaboraban en las labores de extinción. Casi ningún pino afectado volvió a brotar y la recuperación de ese paisaje sólo será posible con la ayuda humana porque la propagación de las semillas desde los ejemplares que se salvaron tendría que hacerse desde tan larga distancia y supondría tanto tiempo, que durante el mismo los procesos erosivos podrían incluso impedir su germinación.

¿Quiere decir esto que debemos erradicar todo aquello que no tenga rancio *pedigree*?

En mi opinión: no, porque el ser humano para atender unas necesidades crecientes puede aplicar su inteligencia a la gestión de los recursos naturales, y al igual que se hace en las inversiones financieras, hay que sopesar los riesgos y minimizarlos, y si verdaderamente interesa o, de momento, no es viable otro cultivo distinto del trigo, del pino, del chopo o del eucalipto, se tendrá que cultivarlos, pero, eso sí, reservando las zonas más sensibles por peligro de erosión, por interés para la biodiversidad, por protección de las cabeceras de los ríos o por cualquier otra razón para las especies autóctonas, de modo que queden siempre bien representadas y su recuperación sea, en cualquier caso, posible.

Por otra parte, cuando esas plantaciones verdaderamente interesan y son productivas, su propia gestión las hace, al menos provisionalmente, sostenibles. Es el caso de los pinares resineros de Castilla, en los que el ser humano que los explota se convierte en su conservador, si bien, se debería evitar, en la medida de lo posible, el monocultivo.

Pero, incluso se puede ir un poco más lejos, porque no sería la primera vez que se tiene que recurrir a una especie foránea para cubrir el vacío que deja la desaparición de una autóctona, y si la tenemos cerca y medio adaptada, resultará mucho más fácil su sustitución. Además, este tipo de pérdidas no siempre es consecuencia de la intervención humana. En ocasiones, puede ser producto de fenómenos naturales, como sucedió hace dos mil años con la enfermedad que diezmó los robles del norte de España privando a sus pobladores de un recurso tan básico para ellos como era la bellota, compensándose esta situación con la difusión del castaño que llevaron a cabo los romanos por esas regiones.

En línea con lo anterior, en la actualidad nuestros paisajes se han visto afectados por un fenómeno parecido al ocurrido al principio de nuestra era. Se trata de la grafiosis del Olmo que, en parte, se está tratando de remediar con la introducción de variedades e híbridos resistentes a esa enfermedad que, en cierto modo, están cubriendo el hueco que sus parientes nativos han dejado.

Estas consideraciones, hechas en relación con la flora, creo que, aunque con matices, son también aplicables a la fauna, con cuya gestión hay que ser muy cautos y extremar las precauciones, porque ésta, además de ser mucho más sensible, va a depender también de un entorno que hemos alterado drásticamente en los últimos siglos. Las especies autóctonas ya no sólo van a depender de su lucha por un territorio y unos recursos con las invasoras, sino que, además, ese espacio no es ya aquel al que estaban adaptadas, por lo que la competencia es doble, tienen que competir con extraños y lo deben hacer por un hábitat tan alterado que en realidad no es suyo del todo.

Como conclusión, me atrevo a decir que hay que velar por la conservación de los ecosistemas y las especies autóctonas, trabajando prioritariamente por la recuperación y el mantenimiento de los hábitats tradicionales y evitando la introducción irresponsable de ejemplares alóctonos, aunque manteniendo las puertas entornadas para que, de forma natural, los ecosistemas cercanos interactúen. Cuando un ecosistema goza de buena salud y se conserva la pirámide trófica completa, es más difícil que una especie invasora medre y expulse a la que hasta entonces ocupaba ese determinado nicho. Por otra parte, no se puede impedir la explotación económica de algunas especies por parte del hombre, aunque siempre con prudencia y sentido común, reservando espacios suficientes para evitar situaciones irreversibles, preservar la biodiversidad, defender el territorio o conservar los paisajes seculares.

27 OCT 2013

# 33

# EL TURISMO COMO HERRAMIENTA DE PROGRESO SOSTENIBLE

El turismo se ha convertido en una actividad de masas que, allí donde focaliza su atención, provoca impactos económicos, sociales y económicos de gran trascendencia. A nadie se le pueden escapar las transformaciones habidas en España en los últimos 50 años, como consecuencia de este fenómeno, que han permitido por un lado el desarrollo de amplias capas sociales y por otro la destrucción de vastos espacios naturales.

Ahora bien, con independencia del balance que hagamos de las repercusiones habidas a raíz del desarrollo turístico de nuestro país, de lo que no cabe duda es de que estamos en presencia de un fenómeno generador de un enorme flujo de recursos económicos que, según como los orientemos, puede dañar irremediablemente el entorno que le sirvió de reclamo o, por el contrario, correctamente encauzado de forma que se respeten los valores originales y se fomenten y realcen otros en principio menos relevantes, puede dar lugar a espacios de mucho más valor no sólo económico o social, sino que incluso ambiental.

A principios del mes de septiembre y aprovechando la proximidad de la celebración del día mundial del Turismo, vertí sobre la red una serie de breves sentencias relacionadas con un turismo más sostenible que, sin renunciar al movimiento de grandes cantidades de personas y la utilización de los recursos naturales, no contribuya al deterioro del medio:

- Sin agua no hay turismo ni de sol y playa ni ningún otro.
- La biodiversidad puede ser una fuente muy importante de turismo sostenible
- Turismo Rural no es sólo dormir en una casa con encanto, salgamos al campo y compartamos labores con sus gentes
- Turismo, Medio Ambiente y Ordenación del Territorio un cocktail, a veces, difícil de combinar
- El Turismo responsable contribuye a la sostenibilidad social y económica de lugares desfavorecidos y conserva el entorno
- La observación de las aves: alternativa turística para la sostenibilidad
- Con Agua de Calidad tendremos Turismo de Calidad
- Antes de que el Turismo ente en crisis, adelantémonos y hagámoslo más sostenible ambiental y económicamente

- No debemos esperar a que el turismo entre en crisis para reconvertir el sector, como pasó con la industria y la construcción
- Visitar los pinares y acompañar a los resineros sí que es Turismo Rural

Conclusión: si utilizamos los recursos que sirvieron como polo de atracción de la actividad turística sin dañar o superar sus tasas de renovación y somos capaces de identificar otros activos naturales o culturales como la arquitectura o la gastronomía y ponerlos en valor, obtendremos nuevos recursos que nos podrán servir para proteger y realzar los primeros e incluso engendrar un círculo virtuoso de mejora continua.

09 NOV 2013

## 34

# NO BASTA CON CUMPLIR
# LA LEGISLACION AMBIENTAL

Cualquier acción humana que provoque alguna alteración del entorno, conlleve o no una vulneración de la legislación ambiental, va a implicar un incremento del pasivo económico con el consiguiente riesgo de tener que responsabilizarse por ello. Por otra parte, cada vez es más habitual que los perjudicados o acreedores de ese pasivo lo pretendan hacer efectivo y, en consecuencia, el causante del daño tenga que hacer frente a esa responsabilidad.

Toda actividad económica tiene un impacto en el medio sobre el que se lleva a cabo, que cuando afecta a recursos renovables y no sobrepasa su tasa natural de renovación, en general y a lo largo de la historia, no ha merecido reproche ni exigencia de reparación alguna. Al contrario, emisiones y vertidos eran, en muchas ocasiones, considerados como síntomas de progreso.

Sin embargo, en la actualidad, la magnitud alcanzada por la acción del ser humano y el aumento de la concienciación de la sociedad, hacen que cualquier beneficio que se obtenga, se haga a costa de generar deseconomías que afectan tanto a la sociedad en general como a colectivos e individuos concretos que no están dispuestos a consentir ningún lucro a su costa.

Por esta razón, cada vez que alguien se proponga emprender cualquier empresa, debería ser muy consciente de que no le basta con cumplir las normas ambientales, el derecho positivo que contempla la protección de los recursos naturales, sino que con independencia de lo que los textos legales establezcan, debe ser muy consciente de que, además de con la ley, se debe ser respetuoso con lo que dicta el sentido común, los principios inspiradores de la protección ambiental o el Derecho Natural del que todos dimanan porque, cumplamos o no las normas, alguien puede exigirnos la reparación de los desmanes a costa de los cuales nos hemos enriquecido.

Y lo que es aplicable a las personas y a las empresas, también va a serlo a las administraciones públicas y a los estados, que cada vez van a tener más difícil hacer dumping ambiental, porque ni se lo van a admitir sus ciudadanos ni tampoco la comunidad internacional. No es admisible que la aparente competitividad de algunas naciones se fundamente en el envenenamiento del medio natural o la explotación de sus "súbditos".

Hasta ahora, ha sido más barato incumplir, porque los desmanes de unos pocos se diluían entre millones de afectados con poca o ninguna capacidad de intervención, pero hoy, gracias a la revolución de las telecomunicaciones no es tanto el peso de la ley, que también, como la respuesta que dé la sociedad civil en forma de boicot, reputación o incluso como catalizadora de la intervención del estado la que puede sancionar, de forma más rotunda incluso, las acciones irrespetuosas con nuestro entorno, nuestra seguridad o nuestra salud.

22 FEB 2014

# 35

# EL PROTAGONISMO DEL OPERADOR EN LA NUEVA LEY DE RESPONSABILIDAD MEDIOAMBIENTAL

La controversia está servida con la reciente aprobación por el Consejo de Ministros y su remisión a las Cortes Generales del Proyecto de Ley por el que se modifica la Ley 26/2007 de Responsabilidad Medioambiental.

Esta ley, fruto de la trasposición de la Directiva 2004/35/CE, establecía, entre otras cosas, un régimen de responsabilidad objetiva ante eventuales accidentes de carácter ambiental, que se estimó que podría obligar a más de 300.000 operadores a elaborar un análisis de riesgos verificado por un tercero y a suscribir garantías financieras con las que responder en caso de producirse un daño al medio ambiente.

El Proyecto de Ley que lanza ahora el Ministerio de Agricultura, Alimentación y Medio Ambiente plantea eximir de la obligación de constituir una garantía financiera a un buen número de actividades por considerarlas de bajo riesgo. Esto aboca a que, en principio, la contratación de seguros de responsabilidad ambiental o de otra garantía financiera se limite únicamente a aproximadamente 6.000 operadores, quedando exentos de esta obligación aquellos que cumplan con los siguientes criterios:

- Los titulares de actividades susceptibles de ocasionar daños cuya reparación se evalúe por una cantidad inferior a 300.000 euros.

- Los titulares de actividades que sean susceptibles de ocasionar daños cuya reparación esté comprendida entre los 300.000 y los 2.000.000 de euros, siempre y cuando acrediten estar adheridos al Reglamento EMAS o a la norma de gestión medioambiental UNE-EN-ISO 14001:1996.

- Los que utilicen productos fitosanitarios y biocidas recogidos en el apartado 8 c) y d) del Anexo III, con fines agropecuarios y forestales.

Uno de los aspectos del nuevo Proyecto de Ley que ha suscitado mayor debate es la autonomía de que se dota al operador. Aquellos operadores obligados a la constitución de la garantía financiera adquieren un protagonismo notable al sustituirse la verificación del análisis de riesgos por un tercero por una declaración responsable del promotor, siendo éste, además, quien determinará y comunicará a la autoridad competente el montante de la garantía, sin ser necesario que dicha autoridad dé su aprobación.

Seguro mediante o no, de lo que no se puede eximir a ningún operador es de la responsabilidad derivada de sus actos y del principio de que "quien contamina, paga". Es innegable que la existencia de la obligatoriedad de fijar unas garantías, en base a unos riesgos objetivamente establecidos y que estas sean autorizadas explícitamente por la Administración, puede generar mayor seguridad de que el operador va a poder afrontar económicamente su responsabilidad en caso de accidente. Sin embargo, al dejar las decisiones antes mencionadas en manos de los operadores, cabe preguntarse: ¿está nuestra sociedad preparada para no tener que "obligar" a contratar seguros de responsabilidad ambiental a todos los operadores con potencial de generar daños en el Medio Ambiente?

Desde un punto de vista empresarial, parece evidente que el operador debería ser el primer interesado en tener bien cubiertos los posibles riesgos medioambientales en los que pudiese incurrir su actividad, fundamentalmente, porque todos los daños que deba reparar o las sanciones que le fuesen impuestas redundarían directamente en su cuenta de resultados y, por ende, en la viabilidad de su negocio. No obstante, existen muchos otros actores que deben tomar parte en este ámbito, evitando dejar todo el peso en manos de una Administración intervencionista a la par que rígida y poco operativa. Estamos pensando en el papel fundamental que juega, y debe jugar cada vez con mayor determinación, una sociedad civil que debemos articular entre todos de tal forma que sea capaz de exigir esas responsabilidades que el Estado no es capaz de detectar o que, aun identificadas por éste, no logra hacer efectivas. Una vez que lográsemos esto, incluso los operadores, que son parte de la sociedad, actuarían no tanto en previsión de ahorrarse una indemnización o una sanción, sino por el convencimiento de que no van a enfrentarse a la opinión pública.

Muchos desmanes ambientales no se persiguen y no se hacen reparar porque nadie se ocupa de ello. Esto no ocurriría si tuviéramos una sociedad civil estructurada y activa que se implicase en este sentido, entendiendo por sociedad civil todo tipo de agrupaciones o asociaciones de afectados por una determinada afección al entorno, ya sea por contaminación atmosférica, destrucción del paisaje, enfermedades, protección de la fauna, etc. Cuando se construye una autopista y se destroza un paisaje, todos nos conformamos y nadie es capaz de articular su defensa ante un juzgado; de la misma manera, poco movimiento social se genera cuando una población se ve afectada por el tráfico o por un exceso de ruido. No hacen falta tantas leyes, reglamentos y órdenes ministeriales, sino más voluntad ciudadana de hacer cumplir las que hay, articulando los mecanismos necesarios para erigirse en legitimados para reclamar lo que se considere justo y construir instrumentos que permitan valorar los diferentes daños ambientales que puedan afectar a la sociedad, ya sea individual o colectivamente. Y en todo esto, las garantías financieras son una herramienta más que, bien contemplada, puede ser muy útil.

En definitiva, nos atrevemos a concluir este artículo afirmando que la sociedad en su conjunto y los emprendedores en particular, sean personas físicas o jurídicas, deben asumir, cada vez más, una actitud responsable, de modo que cuando emprendan un negocio, sea éste de la naturaleza que sea, han de hacer no sólo un estudio de mercado, un planteamiento financiero o un plan de marketing, sino que todo ello debe ir acompañado de un análisis de los riesgos ambientales que la nueva actividad podría implicar y, en base a todos ellos, tomar las decisiones más oportunas, las cuales pueden ir desde no iniciar aquello que se habían planteado a dotarse de una garantía financiera, sea esta un seguro, un aval o una provisión, o a tomar cualquier otra medida encaminada a evitar el riesgo. Y todo ello no sólo porque haya unas normas jurídicas que obliguen, sino que, sobre todo, porque la sociedad está cada vez más alerta y más dispuesta a exigir que se reparen los daños que se provoquen, con independencia del cuidado que se haya desplegado o de la obligación que se tenga de asegurarse o no.

*La idea de hacer este post conjuntamente fue de Marisa Sánchez Urrea quien, a finales de enero de 2014, con motivo de la presentación de su proyecto de fin de máster en la EOI, me trasmitió la idea de colaborar en algún proyecto común. A los pocos días y en el seno de un grupo de trabajo de Linkedin, empezamos a dar nuestras opiniones en relación con el proyecto de Ley objeto de este artículo y espontáneamente nos dimos cuenta de que ya teníamos material para hacer un primer trabajo.*

16 MAR 2014

# 36

# MARCA ESPAÑA Y AGUA

España es uno de los países del mundo, quizás junto a Italia, en el que más diferencia hay entre el concepto que de su propia nación tienen sus habitantes y lo que realmente piensa de ella el resto del mundo, y el agua y su gestión no se podían librar de tan implacable juicio.

Es cierto que nos llueven advertencias y en ocasiones nos imponen sanciones en materia hídrica por el retraso en el cumplimiento de la legislación europea, no lo es menos que en ocasiones se cometen desmanes de imposible justificación y tampoco podemos negar que a veces puede parecer que se producen despilfarros injustificados en riegos obsoletos, campos de golf o promociones turísticas, que no alcanzamos a comprender; por no referirnos a las plantas desaladoras de agua de mar que nunca se llegan a poner en funcionamiento. Pero tampoco podemos ignorar que, a pesar de que somos uno de los países europeos con menos recursos hídricos en su conjunto y los titulares de la cuenca más deficitaria del continente: la del Segura, hemos sido capaces de alcanzar no pocos logros en esta materia, lo que nos ha llevado a convertirnos en referencia y objeto de estudio a nivel mundial.

Llevamos, por lo menos, dos mil años ingeniándonoslas para aprovechar este elemento dónde ya entonces era relativamente escaso; primero con los romanos quienes sembraron nuestro país de acueductos, presas y cisternas; posteriormente con los árabes que siguieron construyendo acequias y extendiendo el regadío; más tarde con instituciones como el Tribunal de las Aguas de Valencia; y en tiempos modernos con la creación de las confederaciones hidrográficas y el desarrollo de nuestra ingeniería civil que encorsetó los ríos patrios con embalses, canales y trasvases.

Con todo ello, hemos conseguido que, a pesar de que no dispongamos de tanta como algunos de nuestros vecinos, haya agua para todos, incluidos los 60 millones de turistas que nos visitan todos los años, y que ésta sea, en general, más barata que en los países de nuestro entorno. Además, nuestra agricultura es, en gran medida, un modelo de eficiencia y surte a media Europa de alimentos. Y, por si fuera poco, la calidad de nuestra agua potable es más que aceptable y los ríos que surcan nuestra geografía, aunque de salud manifiestamente mejorable, no corren por lo general peligro de muerte.

Y esto se ha conseguido gracias a:

- Unas instituciones públicas que han sabido prever las necesidades futuras y gestionar un recurso tan escaso y mal repartido geográficamente que ha sido preciso almacenar, trasladar y repartir.
- Una sociedad que ha demostrado ser generosa y solidaria, y ha sido capaz de sacrificarse en beneficio del bien común por encima de localismos, olvidando intereses particulares.
- Un sector hídrico capaz de gestionar el abastecimiento, el saneamiento y la depuración de forma encomiable, y que en la actualidad está exportando este saber hacer por los cinco continentes
- Un tejido empresarial, representado por ingenierías y empresas constructoras de primer nivel, que nos ha dotado de unas infraestructuras sin las cuales no podríamos haber aprovechado de forma tan eficiente un recurso, por otra parte, tan escaso y escurridizo.

Ahora bien, todas las loas vertidas hasta aquí no nos deben cegar y hacernos incapaces de percibir que junto a esos logros todavía quedan algunos puntos oscuros que a algunos les nublan la vista y les hacen ver esa España del agua como una lacra y un motivo de vergüenza, pero que a la mayoría nos deben servir como acicate para seguir trabajando en pos de una excelencia que deberíamos asociar a una marca España pujante que es como la mayor parte de nuestros vecinos nos ven, salvo nosotros mismos.

14 ABR 2014

# 37

# SUPERANDO LOS SISTEMAS
# DE GESTIÓN AMBIENTAL

En las últimas décadas, se nos ha hinchado la boca hablando de gestión ambiental, de inclusión del Medio Ambiente en la gestión general de la empresa, de sistemas de gestión ambiental, de integración de sistemas, de la transversalidad del factor ambiental o incluso de la contabilidad ambiental. Y todo esto no sólo está o estuvo muy bien, sino que fue absolutamente necesario.

Ahora bien, no nos engañemos, fueron, en muchos casos, meras herramientas que facilitaron la introducción del factor ambiental en la actividad económica de las organizaciones. Y ahora debemos superar esa primera etapa en la que nos debíamos apuntar una nota, pegada al ordenador, que rezase: "debo proteger el Medio Ambiente" y otra mención en nuestras tarjetas de visita que dejase ver que nos preocupaba nuestro entorno.

En este nuevo escenario que se ha ido configurando en los últimos tiempos, en el que nadie se cuestiona que nuestro entorno está seriamente alterado y que sobre él pesan numerosas amenazas, ya somos todos conscientes de que debemos cuidarlo, y esos sistemas, tan formales, van perdiendo sentido porque lo que verdaderamente tenemos que hacer es integrar esas políticas ambientales y esos objetivos en nuestra gestión diaria, y no sólo porque estemos convencidos de que debe ser así, sino que, sobre todo, porque nuestros grupos de interés y la sociedad en su conjunto así lo creen y así lo quieren.

Y si no somos capaces de entender este mensaje y actuamos en consecuencia, vamos a ser castigados no sólo por los mercados, que rechazarán nuestros productos, sino que también por todos aquellos afectados, directa o indirectamente, por las deseconomías que generemos, de forma que toda actividad económica que no asuma la integración del componente ambiental en su contabilidad real corre el riesgo de sucumbir. Del mismo modo que cuando se pide un préstamo al banco y a su vencimiento no se devuelve, esto lleva a la quiebra y al cierre, cuando ese préstamo se toma, además, sin permiso del medio natural, cualquiera nos lo va a poder exigir con unos intereses a los cuales será imposible hacer frente, lo que igualmente podrá determinar la clausura de la actividad.

08 OCT 2014

## 38

# PAPEL, PRODUCTO RECICLABLE
# QUE AHORRA AGUA

Hoy en día se da la paradoja de que muchos productos se catalogan como respetuosos con el Medio Ambiente, o incluso ecológicos, por el mero hecho de que en su elaboración no intervienen *"productos naturales" o biológicos,* así son considerados los árboles de navidad de plástico o la información en soporte electrónico, por ejemplo, sin considerarse que, por mucho que los utilicemos, para la fabricación de unos o el funcionamiento de los otros es preciso consumir recursos fósiles que tardaron millones de años en formarse y de los cuales no podremos volver a servirnos nunca más.

Por el contrario, todos aquellos objetos elaborados a partir de recursos biológicos, siempre que se respete su tasa de renovación, nos permitirán seguir disponiendo de ellos de forma ilimitada a la vez que se producen efectos colaterales de signo positivo. El ejemplo más claro es el del papel y el cartón, en sus diferentes presentaciones, ya que cuando nos servimos de este material, no sólo estamos haciendo uso de un recurso que se renueva periódicamente y por tanto es sostenible en el tiempo al poderse obtener nuevos árboles de forma continua en los terrenos que ocuparon los primeros, sino que una vez usado, se recicla fácilmente y se vuelve a usar con un gasto muy inferior al que supondría su fabricación *ex novo.*

Por otra parte, y como adelanté más arriba, las plantaciones destinadas a la producción de pasta de papel, si se gestionan correctamente, pueden tener efectos muy positivos sobre el entorno, ya que, además de funcionar como sumideros de gases de efecto invernadero, también pueden colaborar en el mantenimiento de la biodiversidad al proporcionar refugio y alimento a la fauna y proteger el suelo de la erosión, a la vez que contribuyen a preservar de su explotación las zonas de bosques climáticos.

Y todo ello, sin perjuicio de que la industria papelera, consciente de la necesidad de cuidar su principal fuente de recursos, se nutre, cada vez con más frecuencia, de papel usado que es uno de los residuos más fácilmente reciclables, habiéndose llegado en Europa a tasas del 70%. Además, los proceso productivos tienden a ser más eficientes y es menor el consumo de agua que, incluso en muchos de los casos, se trata de agua reutilizada.

En este sentido, se estima que, en los últimos 20 años, gracias a una correcta gestión, el consumo de agua se ha reducido en un 40%, habiéndose disminuido los vertidos unitarios en proporciones incluso superiores, estándose en disposición de consumir sólo un 5% del agua utilizada en el proceso productivo y devolver depurada al medio natural el 95% restante.

En fin, me atrevo a decir que siempre que podamos evitar consumir un recurso natural estaremos contribuyendo a preservar nuestro entorno, pero si esto lo hacemos a costa de utilizar productos sintéticos, hemos de ser conscientes de que en no pocas ocasiones estaremos contribuyendo a un deterioro todavía mayor del planeta y a privar de unos recursos muy escasos a las generaciones futuras.

14 OCT 2014

# 39

# LA INSOSTENIBILIDAD
# DEL TÉRMINO SOSTENIBLE

Nuestros representantes públicos y privados han asumido con tanta vehemencia la necesidad de trabajar por una sociedad más sostenible, o dicho de otra forma, esta gente se ha dado cuenta de que la sociedad actual tiene una sensibilidad ambiental y social tan arraigada, que han encontrado en el término sostenible la coartada perfecta para vestir de respetuosa con el entorno cualquier acción que lleven a cabo, hasta el punto de que se ha llegado a la perversión de tener por sostenible aquello que no sólo no lo es, sino que, por el contrario, ataca frontalmente la esencia del propio concepto, confundiendo términos y significados, y desprestigiando esas palabras con las que se refieren a realidades distintas de aquellas para las que fueron creadas; y, lo que es peor, contribuyendo a que la gente se desvincule de lo que en principio aquellas representaban y ya no se crea nada.

Sería de agradecer que los comunicadores no empleasen palabras como sostenible o sostenibilidad como comodines e hicieran uso de otras no tan vistosas, pero más acordes con sus mensajes, como belleza, comodidad, rapidez, eficacia o cualquier otra de las que modernamente se enmascaran con los términos en este artículo analizados.

Así por ejemplo, no hace mucho escuche a un cualificado representante político decir que dotar de aire acondicionado a los vagones del metro era un claro avance en la lucha por alcanzar la sostenibilidad y, salvo que interpretemos que con el calor la gente no sea capaz de sostenerse, la realidad es que dicha medida de lo que no cabe duda es de que contribuye notablemente a la comodidad de los pasajeros pero, por más que lo he intentado, no he logrado averiguar cómo una acción que implica un incremento tan elevado del gasto energético es capaz de ayudar a aumentar el respeto por nuestro entorno y a garantizar que las nuevas generaciones puedan disfrutar en el futuro de él.

Tampoco es inhabitual, escuchar que con la construcción de un parque se colabora a la creación de una ciudad más sostenible, cuando lo que se debería decir es que se hace más bella o más agradable, porque, en realidad, en no pocos casos estaríamos detrayendo recursos, sobre todo hídricos, para crear islas ineficientes de especies extrañas que de otra forma no podrían vivir allí.

Y todo esto, sin abordar temas como el de los coches ecológicos, que seguro que son más eficientes que los más antiguos, pero cuya fabricación y utilización implican una asignación de recursos bastante discutible desde la perspectiva de la ecología y la sostenibilidad.

Sin embargo, esto no implica que las medidas criticadas no sean necesarias o que por lo menos no constituyan sacrificios ambientales que todavía nos podamos permitir para vivir más cómodamente, pero no seamos tan hipócritas como para llamar sostenible a lo que a todas luces no lo es.

24 OCT 2014

# 40

# CALIDAD AMBIENTAL EN ARGENTINA

El pasado 03 de octubre, tuve la fortuna de participar en Buenos Aires en el "seminario internacional, sobre controles ambientales trazables", organizado por CALIBA (Cámara Argentina de Laboratorios Independientes, Bromatológicos, Ambientales y Afines) con motivo de su vigésimo aniversario.

El acto que contó con más de 500 inscritos, lo que pone de manifiesto el interés que suscitan los temas ambientales en este país, fue inaugurado por el Presidente de la Cámara, Dr. Horacio Denari, y contó con la participación del Ingeniero Hugo Javier Bilbao, director ejecutivo del OPDS de la provincia de Buenos Aires quien culminó su presentación resaltando la necesidad de superar el concepto de sustentabilidad y abrazar el más amplio de sostenibilidad, que engloba no sólo los aspectos ambientales, sino que incardinados con éste, también tiene en cuenta los sociales y los económicos.

A continuación, se presentó el primer panel, en el que representantes de las diferentes Administraciones analizaron el marco regulatorio ambiental con especial énfasis en los *monitoreos* en Buenos Aires y su provincia. Acto seguido, se pasó a analizar, por parte de diversos representantes del sector, la importancia de la calidad en los laboratorios y los costes que lleva implícitos su no contemplación.

Tras la pausa del almuerzo, y con una concurrencia muy similar a la de la mañana, se abordó en profundidad el muestreo ambiental en cada una de las principales matrices ambientales: agua, atmósfera y suelos, así como otros aspectos trasversales como son los ensayos inter-laboratorios o la cualificación del personal encargado de la toma de muestras.

Para concluir la jornada, tuve el honor de hacer una revisión de cómo todos estos temas se abordan en la Unión Europea, y más en concreto en España, pero siempre con la vista puesta en lo que ocurre en Argentina.

A la vista de todo lo manifestado a lo largo del evento, tanto por las autoridades participantes como de los diferentes ponentes, se desprende que en Argentina, y en especial en su capital, hay una clara decisión política de incluir el factor ambiental como elemento trasversal e informador de todas las demás políticas, así como un elenco de profesionales y empresas excelentemente preparadas y dispuestas a acometer ese reto inmediatamente.

Sin embargo, y a ojos de un observador imparcial, se perciben algunas diferencias con el enfoque europeo de esta situación que, en sí mismas, no tendrían por qué dificultar la consecución de los objetivos propuestos y se notan algunos problemas e insatisfacciones que, aunque no nos son completamente ajenos en otras latitudes, muchos de ellos se han ido soslayando en las últimas décadas.

Lo primero que llama la atención, es el gran peso que tienen los organismos públicos en todo aquello relacionado con el control ambiental, en contraposición con el mayor juego que se da en la Unión Europea a los laboratorios y entidades de inspección privadas.

También sorprende el método de reconocimiento de las entidades encargadas de la toma de muestras, que fundamentalmente es responsabilidad de las Administraciones Públicas, en contraste con la acreditación en base a la noma 17020 por parte de las diferentes Entidades de acreditación autorizadas en la U.E.

Por otra parte, se ha detectado una gran preocupación en nuestros colegas de la otra orilla del Atlántico en relación con el suministro de insumos y equipos, que deben superar lentos trámites administrativos en las aduanas y afrontar el pago de costosos aranceles. En este sentido, les llama la atención la facilidad con que se llevan a cabo los intercambios comerciales en la U.E.

También se detecta un gran celo por parte de las casas comerciales respecto a sus mercados, lo que obliga en ocasiones a los laboratorios a tener suministradores únicos.

Por último, es evidente la influencia de las normas y procedimientos norteamericanos frente a otros estándares propios o europeos.

Ante esta situación, el sector de los laboratorios independientes ve con gran interés los métodos de trabajo europeos y la labor de organizaciones internacionales como UILI (Unión Internacional de Laboratorios Independientes) en aras de la promoción de una Calidad Ambiental moderna, dinámica y rigurosa, y vería con gran ilusión que la próxima sesión plenaria de esta organización, a la que recientemente se ha incorporado CALIBA, tuviera lugar en la ciudad de Buenos Aires y contase con la participación de otros países de su entorno.

25 NOV 2014

## 41
# GESTIÓN FORESTAL SOSTENIBLE

El concepto moderno de Gestión Forestal sostenible tiene su origen más inmediato en la definición acuñada en la Conferencia interministerial de Helsinki que tuvo lugar en el año 1993, según la cual se definiría como la administración y uso de los bosques de manera y en tal medida que mantengan su biodiversidad, productividad, capacidad de regeneración, vitalidad y su potencial de cumplir, ahora y en el futuro, funciones ecológicas, económicas y sociales relevantes, a escala local, nacional y global sin causar daño a otros.

Otra definición sería la proporcionada por la International *Tropical Timber Organization* (ITTO) de acuerdo con la cual, La Gestión Forestal Sostenible consistiría en el proceso de gestión permanente del monte para conseguir uno o más objetivos de gestión claramente especificados, con respecto a la producción de un flujo continuo de productos y servicios forestales deseados sin disminución de sus valores inherentes y productividad futura y sin producir efectos indeseables en el entorno social y medioambiental.

No quiero olvidarme tampoco de la "Declaración Ibérica sobre los principios para una Gestión Sostenible de los Bosques", acordada en 1997 en Elvas (Portugal) por parte de veinticinco asociaciones forestales tanto de España como de Portugal. En ella se define la gestión forestal sostenible como: "aquella gestión y utilización de los bosques y de los terrenos forestados que, utilizando la técnica forestal, sea capaz de mantener globalmente su biodiversidad, su productividad, su capacidad de regeneración, su viabilidad y su capacidad de satisfacer actualmente y en el futuro las funciones ecológicas, económicas y sociales pertinentes y que tenga en cuenta las repercusiones potenciales de los cambios climáticos sobre los ecosistemas forestales"

Como es fácil de colegir, los diferentes conceptos de ordenación, gestión o manejo forestal sostenible pretenden la armonización de los aspectos económicos, ecológicos o sociales relacionados con el sector forestal de acuerdo al contenido de las conclusiones de la Conferencia de las Naciones Unidas para el Medio Ambiente y el Desarrollo de 1992, si bien fue en la 19ª sesión especial de la Asamblea General de Naciones Unidas (Río + 5) celebrada en junio de 1997 donde se produce, con una mayor claridad, la vinculación existente entre los bosques y el desarrollo sostenible, al establecerse que "La ordenación, la conservación y el desarrollo sostenible de todos los tipos de bosques son fundamentales para el desarrollo económico y social, la protección del Medio Ambiente y los sistemas sustentadores de la vida en el planeta". Los bosques son parte del desarrollo sostenible.

Más tarde, en La Tercera Conferencia Ministerial, celebrada en Lisboa en 1998, se aprueban los criterios e indicadores y las directrices de planificación y gestión y se definen los aspectos socioeconómicos de dicho concepto, que no se habían podido abordar cinco años antes por falta de criterios científicos.

Con independencia de lo acertado o no de estas definiciones, lo cierto es que, como en muchos otros ámbitos, nos ayudan a resumir en un pequeño párrafo un conjunto de acciones, comportamientos y filosofías que el sentido común ha acrisolado en el subconsciente de muchas de las personas que se han dedicado a la explotación de los bosques a lo largo de la historia y que, en no pocos casos, han ido moldeando verdaderas joyas de convivencia, o incluso simbiosis, entre la actividad humana y la fuerza imponente de la naturaleza. Es el caso paradigmático de las dehesas mediterráneas, pero también de los pinares resineros o los prados de montaña.

Esto fue así a lo largo grandes periodos de la historia de la humanidad, ahora bien, según el ser humano se fue encumbrando en la soberbia que, cada vez más, nos caracteriza y, de forma paulatina, rompimos el consenso que nos vinculaba con la naturaleza, nuestras acciones han tendido progresivamente hacia la irreversibilidad tratando, casi exclusivamente, de obtener un recurso económico a corto plazo sin preocuparnos demasiado el futuro que, encomendábamos a una inteligencia, casi infinita, que seguro que nos proveería de nuevas alternativas a los recursos que íbamos agotando.

Hace ya varias décadas, el grado de deterioro de algunos de nuestros montes y el peligro que acechaba a otros muchos indujeron a algunos sectores de la economía forestal a la adopción del término gestión forestal sostenible que, por lo menos, tiene en cuenta además de los criterios económicos a corto plazo, otros de índole ambiental y social. Esto podría llevarnos a recuperar, de un modo consciente y planificado, lo que tradicionalmente ya hacían nuestros antepasados.

Una vez fijado el marco en el que nos moveremos al hablar de Gestión Forestal Sostenible y descubrir que, en cierto modo, consiste en la codificación y sistematización de una serie de tradiciones consuetudinarias consolidadas a través del paso de los siglos, mi intención con este artículo no es sentar cátedra sobre cómo se debe llevar a cabo esta gestión, sino que hacer un repaso somero sobre las principales herramientas ligadas a este concepto y dar mi opinión como profesional ligado al Medio Ambiente, cómo usuario del bosque y sobre todo como persona libre y con capacidad para pensar, y compartir con todos cómo querría que se llevase a cabo la explotación forestal.

Como cuestión previa, y antes de pasar a abordar aspectos concretos de la gestión que se debería aplicar a nuestros montes, me gustaría dejar claro que, al menos cómo yo lo veo, se trata de una gestión polifacética en la que el interés económico debe estar indefectiblemente contemplado y, en ocasiones, con un papel absolutamente protagonista, pero en el que los factores ambientales y sociales tienen que estar siempre presentes y, en no pocas ocasiones, con suficiente peso como para poder vetar al económico cortoplacista, porque a la larga cuando el interés económico desprecia a los otros dos, finalmente, aquel también termina por sucumbir.

Sentada la premisa anterior, me gustaría analizar, con relativa profundidad, cada uno de los tres aspectos fundamentales de la sostenibilidad aplicados a la gestión forestal: el económico, el social y el ambiental, si bien existen otros no tan evidentes, pero no, por eso, menos importantes como es el caso de la innovación.

En cuanto al pilar económico, creo que hay que considerarlo sin ningún tipo de complejo y, en este sentido, afirmar que es vital que haya un interés económico claro para que el monte se conserve. En cuanto este interés se pierde, la población local lo olvida, empezando por los propios titulares del mismo, los espacios se degradan y generalmente deja de producirse valor tanto para los propietarios como para la comunidad porque lo que suele suceder es que, ante el abandono, proliferan los incendios y el bosque tiende a desaparecer. Ahora bien, este interés económico no tiene porqué ser exclusivamente consecuencia del aprovechamiento selvícola. Se deberían considerar también otros muchos usos: como el cultural, de ocio, cinegético o micológico, entre otros.

Por lo que se refiere al componente social, y con independencia de que en cualquier ámbito de la economía, sea fundamental que los rendimientos generados por una determinada explotación redunden, en buena medida, en la población del entorno geográfico en que se encuentra situada, en el ámbito rural, y más concretamente en el forestal, es imprescindible, ya que en unas regiones prácticamente despobladas, implicaría fijar población en ese entorno, lo que, a su vez, contribuiría al cuidado y vigilancia de esas masas forestales y, por tanto, al incremento de su productividad y a la mejora ambiental.

La importancia del aspecto ambiental es obvia. Si no tenemos en cuenta esta variable no podremos hablar en ningún caso de sostenibilidad. Sólo en la medida que la propia naturaleza no sea dañada irreversiblemente y pueda conservar y regenerar recursos de modo indefinido, podremos hablar de aprovecharlos económicamente y de generar bienestar social.

Ahora bien, con todo lo importante que es la conservación de la naturaleza, en cuanto el ser humano se introduce en ella y pretende obtener un rendimiento cada vez mayor, algún tipo de perturbación se va a introducir en ese ecosistema. Por esta razón, siempre deberemos buscar el equilibrio entre los criterios puros de producción, conservación y recreo, de modo que incluso los bosques más enfocados a la producción conserven islas o franjas que permitan conservar la biodiversidad, los paisajes y los usos tradicionales, de manera que no se extinga el sustrato original de forma definitiva dejando, por el contrario, una puerta abierta a la recuperación del entorno original.

## HERRAMIENTAS DE GESTIÓN FORESTAL SOSTENIBLE

La forma de llevar a cabo la integración de estos criterios básicos que acabamos de repasar, así como otros muchos que con posterioridad iremos abordando, es mediante figuras como la Legislación, la Inventariación, la Planificación o la Certificación Forestal que, de alguna manera, encauzan y ponen límites a la codicia humana.

Además, en íntima relación con las anteriores, de las que en muchas ocasiones forman parte, se encuentran otras herramientas como la gestión de especies de flora y fauna, la prevención y extinción de incendios y plagas, la reforestación y selvicultura, la investigación, la gestión de infraestructuras turísticas y recreativas o la sanidad forestal.

a. Legislación

Como en todo Estado de Derecho, en España cualquier actividad, y la forestal no puede ser una excepción, debe estar amparada por una legislación que marque las competencias y límites de los agentes involucrados.

b. Inventariación

Se trata de obtener el máximo de información posible sobre la situación, régimen de propiedad y protección, naturaleza, estado legal, probable evolución y capacidad productora de todo tipo de bienes de los montes españoles. También recogerá la distribución, abundancia, estado de conservación y la utilización, así como cualquier otra información que se considere necesaria, de todos los elementos terrestres y marinos integrantes del patrimonio natural

c. Planificación

Tendrá en cuenta dos dimensiones: la más íntimamente ligada al patrimonio natural y la enfocada al aprovechamiento forestal propiamente dicho. Está constituida por las Estrategias que fijan objetivos, criterios y prioridades, y por instrumentos de planificación propiamente dichos como los planes forestales, la propia legislación, la administración forestal, los incentivos o la ordenación del territorio

d. Instrumentos de ordenación forestal

La ordenación forestal es uno de los instrumentos ambientales más contrastados y de mayor potencial, ya que transforma la gestión forestal en algo medible, cuantificable, verificable y controlable, previendo los instrumentos operativos que permitan implementar la gestión forestal en amplias fracciones de espacio y de tiempo. Hay dos tipos principales de instrumentos de ordenación: Los Proyectos de Ordenación que son instrumentos exhaustivos de planificación para superficies mayores de 250 Ha y los Planes Dasocráticos que son instrumentos simplificados para fincas menores de 250 Ha.

e. Certificación forestal

Otra herramienta, complementaria de la anterior, es la Certificación Forestal que viene a ser el proceso mediante el cual se asegura al consumidor que la madera, o cualquier otro producto forestal, procede de un bosque gestionado de manera responsable y sostenible, al cumplir una serie de requisitos reconocidos internacionalmente que serán evaluados por una tercera parte independiente, cualificada y acreditada. La certificación forestal contempla dos ámbitos: la Gestión Forestal Sostenible cuyo objeto es auditar la gestión forestal llevada a cabo en las explotaciones forestales y La Cadena de Custodia en la que se audita la trazabilidad de las materias primas de origen forestal y sus derivados durante todo el proceso de fabricación transporte y comercialización.

Ahora bien, a todas estas herramientas que nos pueden ayudar a llevar a cabo una gestión forestal más sostenible hay que dotarlas de principios inspiradores, de alma, que las convierta en verdaderos impulsos de progreso social, ambiental y económico. En este sentido, me atrevo a hacer una serie de propuestas a tener en cuenta siempre que abordemos la explotación de un recurso forestal:

- Si queremos que las masas forestales perduren y conserven o adquieran algún tipo de valor ambiental, es necesario involucrar a la población que habita en su ámbito de influencia y conseguir que la gestión de ese territorio se solape con la de los propios intereses de sus habitantes. La mejor manera de contribuir a la conservación de un monte, incluso si goza de algún reconocimiento como espacio natural, es que éste reporte algún tipo de interés económico a la población que lo habita, de modo que ésta, en aras de su propio beneficio, vele por su sostenibilidad a la vez que lleve a cabo, a veces inconscientemente, la más eficiente gestión de ese entorno.

- Se debería impulsar la convivencia de usos. El fomento de las actividades agrícolas, ganaderas o forestales tradicionales tales como el pastoreo, la recogida de leña, el ejercicio responsable de la caza o la pesca permiten tener el monte limpio y vigilado, las pistas abiertas y los furtivos fuera de juego, sin necesidad de incurrir en gastos extraordinarios en guardería, retenes contra incendios o equipos de limpieza.

- En la búsqueda de la sostenibilidad de las masas forestales, no podemos limitarnos a hacer de éstos, meros santuarios. Por el contrario, debemos tender a considerar el medio rural en su conjunto, proporcionando a sus moradores suficientes incentivos para que se conviertan en agentes activos de su puesta en valor, conservando aquellas prácticas más razonables, desterrando otras y adoptando algunas nuevas. La agricultura se deberá reservar a las zonas más aptas, la ganadería tendrá que ser respetuosa con el medio, la caza y la pesca habrán de ser ejercidas con responsabilidad y la explotación forestal tendrá que estar planificada.

- Trabajemos por casar el desarrollo tecnológico con el mundo rural en general y el forestal en particular. Tecnifiquemos el sector primario, de modo que se faciliten las condiciones para que la gente, ejerciendo su derecho a decidir, pueda desarrollarse en los entornos rurales de siempre, pero incardinados en la modernidad que permiten las nuevas tecnologías. Hay que recuperar lo esencial, el espíritu, el alma de esos lugares que fueron capaces de sobrevivir durante siglos gracias a una cierta selección natural y aderecémoslo con toda la modernidad que los nuevos tiempos requieren, ligando tradición y vanguardia.

- Aprendamos a compaginar los recursos forestales con la actividad turística sin dañar ni superar sus tasas de renovación, poniendo en valor tanto aquellos como otros de carácter cultural como la arquitectura, la gastronomía, la geología o la arqueología, y obtendremos nuevos recursos que nos podrán servir para proteger y realzar los primeros e incluso engendrar un círculo virtuoso de mejora continua.

- Aun en el caso de plantaciones mono específicas con un marcado propósito económico, habría que reservar las zonas más idóneas para especies autóctonas, creando santuarios que contribuyan al sostenimiento de la fauna y flora tradicional, lo que eventualmente permitiría iniciar la recuperación de paisajes y ecosistemas ancestrales.

- También me atrevo a sugerir que, una vez consolidadas las repoblaciones y cuando éstas no tengan exclusivamente carácter económico, se deberían mantener densidades mucho menores de las que habitualmente observamos. Se debería tender a espacios adehesados en los que convivieran las especies arbóreas con las arbustivas propias de la región. Debemos dejar de pensar en escobas, espinos, zarzas y otras muchas especies como parásitos que merman la productividad de los bosques.

- En la actividad económica forestal, debemos analizar cada uno de nuestros pasos tanto para evitar situaciones irreversibles como para propiciar nuestra convivencia con otras especies, y no sólo desde un punto de vista altruista, por entenderlas como cotitulares del planeta en el que vivimos, como desde una perspectiva más egoísta, al considerar los beneficios que nos puedan proporcionar en el futuro. En este sentido, en las grandes actuaciones, no se debe hacer *tabula rasa* y arrasar todo lo que encontramos a nuestro paso. Hay zonas donde habría que dejar que la naturaleza actuase espontáneamente, permitiendo que los mecanismos milenarios que la han permitido subsistir hasta nuestros días sigan funcionando.

- Hay que cuidar el Paisaje y darle la importancia que se merece. Para algunos se trata de una cuestión meramente estética que puede incluso rozar la frivolidad, y por tanto no debería detraer recursos, siempre escasos, de otras áreas consideradas más importantes, sobre todo en tiempos de dificultades sociales y económicas, pero la realidad es que un paisaje armónico, variado, con contrastes, en definitiva bello, es indicador de una naturaleza en buenas condiciones en la que se favorece la biodiversidad, la protección del suelo, el buen uso del agua y demás recursos y, por tanto, susceptible de generar riqueza a largo plazo.

- Si de verdad queremos conservar nuestra naturaleza, además de castigar al que lo hace mal reprochando y castigando su actitud, la sociedad debería poder reconocer al que lo hace bien. Se aprende más y mejor con el halago y el refuerzo positivo que con el castigo. Está bien el principio de que quién contamina paga, pero habría que compensar al que conserva los valores naturales. Sin embargo, lo cierto es, que aparte del olvido, no recibe apenas nada: las subvenciones escasean y van a menos, los impuestos no se rebajan y la mayoría de las externalidades positivas ni siquiera son reconocidas. Lo más sangrante es que como ha conservado, se le castiga a que sobre la obra de su esfuerzo se le impongan más restricciones que a su vecino que no supo o no quiso hacerlo. Este es el motivo por el que, en muchas ocasiones, los titulares de las zonas bien conservadas sean reacios a que su territorio sea reconocido con alguna figura de protección ambiental.

- Hay que ser muy cuidadosos con las especies autóctonas y la biodiversidad y, cuando las necesidades económicas impongan cultivos foráneos, reservar las zonas más sensibles por peligro de erosión, por interés para la biodiversidad, por protección de las cabeceras de los ríos o por cualquier otra razón, para las especies de siempre. De este modo, quedarán siempre bien representadas y su recuperación será, en cualquier caso, posible. No obstante, deberíamos tener en cuenta que, en alguna ocasión, se ha tenido que recurrir a una especie foránea para cubrir el vacío que deja la desaparición de una autóctona, y si la tenemos cerca y medio adaptada, resultará mucho más fácil su sustitución. Además, eso no siempre va a ser consecuencia de la intervención humana. En ocasiones puede ser producto de fenómenos naturales como sucedió hace 2.000 años con la enfermedad que afectó a los robles en el norte de España privando a sus pobladores de un recurso tan básico para ellos como la bellota, lo que fue compensado con la difusión del castaño por parte de los romanos o lo que está ocurriendo en la actualidad con la grafiosis del olmo.

- Por último, me atrevo a retomar figuras como la concentración parcelaria, aplicada ahora a los montes de titularidad privada, de modo que se favorezca y facilite la explotación de montes dispersos en parcelas de dimensiones poco rentables.

Después del repaso a la situación de la gestión forestal en España y de la reflexión sobre los principios que la deberían informar, como colofón a todo lo dicho hasta aquí, me atrevo invertir el dicho y decir que el bosque no nos impida ver los árboles y, en consecuencia, animo a todos a que los miremos con otros ojos y nos acerquemos a ellos de manera individualizada, les demos nombre, compartamos con ellos nuestras penas y alegrías y hablemos con ellos. Es seguro que recibiremos mucho más de lo que podamos haberles entregado, porque no hay ser más abnegado, generoso y agradecido que el árbol. Probad a abrazar uno y permaneced unidos a él, susurrándole vuestras congojas y comprobaréis como os las arrebatan y os purifican.

06 JUL 2015

# 42

# LARGA VIDA A LA ECONOMIA CIRCULAR

Hay algunas expresiones que, de tanto utilizarse y, sobre todo, de hacerlo con tan poco rigor, se van desgastando hasta llegar a tal punto que su significado comienza a desvanecerse y, en ocasiones, puede que con una dosis mínima de ironía lleguen a querer decir lo contrario de lo que significaban inicialmente.

En mi opinión, esto es lo que ha ocurrido con términos como Ambiental, Ecológico o Sostenible. El uso indiscriminado, y muy a menudo poco meditado, de estas palabras por parte de políticos y comunicadores, ha contribuido a la confusión de los receptores de sus mensajes que, a la postre, lo único que perciben es la intención de aquellos por venderles algo.

Se ha llegado a decir que un coche eléctrico es ecológico sin preguntarse de dónde viene esa electricidad que quizás lo haga de una central térmica que queme carbón de baja calidad. También es habitual que los representantes municipales hablen de ciudades sostenibles porque tienen más parques, sin plantearse que su mantenimiento requiere cantidades de agua de las que apenas se dispone. Esto no quiere decir que estas medidas no sean necesarias. Es muy probable que lo sean, pero en estos casos deberíamos hablar de vehículos limpios o de ciudades bellas.

Ahora bien, con independencia de cómo llamemos a las cosas, lo cierto es que la gente está cada vez más convencida de que debemos cuidar el entorno. Por eso, según van perdiendo vigor los términos y expresiones con los que nos referimos al respeto por la naturaleza, los vamos sustituyendo por otros nuevos que inicialmente irrumpen con fuerza, pero que parece que tuviesen programada la obsolescencia del mismo modo que los electrodomésticos o los automóviles.

Esto es lo que está pasando también con las *Smart Cities,* que ya no sabemos si son inteligentes, elegantes, modernas o todo al mismo tiempo. El caso es que las ciudades son cada vez más *smart*, pero menos sostenibles tanto desde los puntos de vista social o económico como desde la perspectiva ambiental. Y esto es lo que debemos evitar que ocurra con la última adquisición del arsenal terminológico ambiental, con la Economía Circular. Este concepto podríamos definirlo como un movimiento que inspirándose en la naturaleza, donde en vez de residuos hay recursos, pretende que la actividad humana se asemeje a aquella. Para eso distingue entre recursos orgánicos, que se pueden reintroducir en el medio natural cuando su uso ya no es rentable, y recursos tecnológicos que no son reintroducibles en las cadenas biológicas por lo que se deben reutilizar cuantas veces sea posible.

Esperemos que con la economía circular rompamos el círculo vicioso que hace que los términos que utilizamos para designar el respeto por la naturaleza se corrompan rápida y sucesivamente y, por el contrario, hagamos entrada en el círculo virtuoso en el que generemos recursos en vez de residuos.

17 NOV 2015

# 43

# SMART CITIES, UNA NUEVA DIMENSIÓN

Aunque el concepto de *Smart City* es relativamente nuevo y no está completamente consolidado, es ampliamente aceptada su vinculación con la sostenibilidad en su triple dimensión: ambiental, social y económica. Por tanto, todas las acciones ligadas al mismo, en principio, van encaminadas hacía la mejora del entorno urbano en esos aspectos, es decir, hacia la consecución de ciudades más verdes, más eficientes y más justas.

Ahora bien, con independencia de la bondad de esas medidas, dando por hecho que en esta empresa se hayan adoptado las más idóneas y que no se haya caído en los campos del marketing puro y la demagogia que, dicho sea de paso, es bastante habitual, debemos de ser críticos con el modelo, ampliar el foco y preguntarnos si a las personas que habitan esas ciudades les satisfacen esas medidas o si, por el contrario, estamos empeñados en mejorar entornos y modelos sociales que sería preferible cambiar por completo y no empecinarnos en mantenerlos, aunque sea en mejores condiciones, siendo preferible encaminar esos recursos en otra dirección.

Como cuestión previa, sería de agradecer que los diferentes representantes sociales, ya sean públicos o privados, utilizaran con rigor el término *Smart City* y no como mera coartada para vender cualquier cosa a una ciudadanía altamente sensibilizada con la mejora ambiental y social de las ciudades. Esto es lo que en buena medida ha pasado con otro término muy relacionado con el que ahora nos ocupa como es la sostenibilidad que, quizás con toda la buena intención, sirvió para presentar como respetuoso con el Medio Ambiente lo que, en verdad, tan sólo era bello, cómodo, rápido o eficaz. De este modo, y, sin perjuicio de la necesidad que hubiera de tomar esas medidas, su incorrecta denominación lo que hace es confundir, cuando no desprestigiar, el término Smart City y contribuir a que las personas se desvinculen de él.

En este sentido, me gusta hacer referencia a un tema tan de actualidad como es el de los coches eléctricos, tan ligados a las *Smart Cities*. Es más que probable que estos vehículos sean más eficientes que los tradicionales, pero su fabricación y utilización implican una asignación de recursos bastante discutible desde la perspectiva de la ecología y la sostenibilidad y aunque puedan constituir un avance y una herramienta útil, por lo que deberíamos trabajar es por no tener que necesitar coches ni eléctricos ni de explosión.

Las ciudades son muy importantes y, hasta ahora, en ellas se ha dado el caldo de cultivo necesario para que se lleve a cabo el progreso de la humanidad, sin embargo, muchas de ellas se están convirtiendo en entidades que, lejos de proporcionarnos ningún estímulo, parece que nos vayan a engullir. Si nos lo proponemos, podemos cambiar el paradigma de organización social y productiva basado en grandes aglomeraciones humanas que esclavizan a las personas y las convierten en meros eslabones de un sistema productivo desbocado y alienante, y comenzar a pensar en otro modelo en el que convivan las ciudades con un entorno rural moderno en el que los recursos, más deslocalizados, sean autónomos y libres, aunque cohesionados por medio de las nuevas tecnologías, y un mercado más amable, más laxo y menos omnipresente, que nos deje mayor espacio de libertad y no nos coaccione tanto.

La ciudad, en buena medida y para muchos de sus pobladores, se está convirtiendo en un entorno sumamente agresivo y despersonalizado, en el que las personas han perdido parte de su libertad para convertirse en vasallos de la escasez de tiempo, de la cada vez más difícil movilidad, del consumismo compulsivo y de la incomunicación. En los países en desarrollo, el flujo del campo a la ciudad es todavía un fenómeno vivo al que aún le queda bastante recorrido, sin embargo, en las sociedades occidentales, y en concreto en muchas de sus grandes ciudades, creo que se ha superado el umbral a partir del cual éstas dejan de aportar a sus habitantes los beneficios que se les suponía inherentes a su propia naturaleza.

El Progreso y el crecimiento han propiciado que no sepamos dónde meter los automóviles que nos vemos compelidos a adquirir, que no tengamos la posibilidad de conocer a nuestros vecinos, que no podamos pasear con nuestros perros o montar en bicicleta o que ir a un museo o a un restaurante se haga tan difícil como coger un avión o un tren. Muchas ciudades están a punto de morir de éxito y, de hecho, sus moradores empiezan a vivir fuera, aunque regresen todavía para trabajar en ellas. Fijémonos en lo que ha pasado en Detroit donde grandes espacios de la ciudad han sido completamente abandonados por no ser capaces de satisfacer las necesidades de sus habitantes.

Antes de que esto ocurra en nuestro entorno, parémonos a pensar y empecemos a hacer las cosas de modo que no asfixiemos a nuestros ciudadanos porque termináremos por degradar y, en su caso, dejar morir a nuestras ciudades. Por el contrario, facilitemos las condiciones para que la gente, ejerciendo su derecho a decidir, pueda desarrollarse en los entornos rurales de siempre, pero incardinados en la modernidad que permiten las nuevas tecnologías, de modo que pueda ser más libre, pueda pensar, comunicarse con los que la rodean y combinar el trabajo físico con el intelectual, sin necesidad de acudir a un gimnasio.

No es necesario, ni siquiera recomendable, prescindir de las ciudades. Por el contrario, apliquemos en ellas todas las herramientas de la modernidad, pero simultáneamente recuperaremos nuestros pueblos y conectémoslos con ellas. ¿Cómo lo podríamos hacer?

En mi opinión, hay que recuperar lo esencial: el espíritu, el alma de esos lugares que fueron capaces de sobrevivir durante siglos gracias a una cierta selección natural y aderecémoslo con toda la modernidad que los nuevos tiempos requieren, ligando tradición y vanguardia.

Rescatemos la mejor arquitectura y reconstruyamos poco a poco no tanto lo que fue como lo que pudo haber sido, lo que aquellos pobladores habrían hecho si no hubieran dispuesto sólo de los raquíticos recursos que finalmente les abocaron a abandonarlos. No todo lo viejo es digno de conservarse, pero casi todo nos puede inspirar para la recuperación de esa alma perdida.

Imaginemos lo que fue su más bello paisaje en los mejores tiempos y recuperemos lo más relevante. Ya no es necesario apurar hasta el último baldío para la agricultura, dejemos espacio para los árboles y los claros.

Embellezcamos el entorno como se hace en las ciudades y busquemos la armonía de las construcciones hasta un punto que quizás nunca se alcanzó.

Recuperemos los espacios de encuentro: lavaderos, fuentes o eras y démosles nuevos usos que permitan la interacción humana para que podamos seguir viéndonos.

Fomentemos los huertos, la ganadería, el bosque, la alfarería, la restauración como actividades complementarias a otras como la informática, los talleres mecánicos, las carpinterías, la pintura o la escritura, de modo que se hibriden la actividad intelectual, la profesional, el ocio y el deporte.

Favorezcamos el tele-trabajo, el auto-empleó o el trabajo por objetivos y aprovechemos las oportunidades que brinda el *outsourcing* por parte de las grandes empresas.

No puede ser que, habiendo tanta gente que anhela la llegada de las vacaciones o los fines de semana para abandonar las ciudades, en tropel, y dirigirse al campo, los pueblos estén cada vez más vacíos. No es lógico que se considere el mundo rural como un espacio de retiro o último recurso, habitado tan solo por viejos o desahuciados laborales sin perspectiva alguna de crecimiento o superación personal. Tampoco se entiende el divorcio existente entre el agro y la innovación o el emprendimiento, habiéndose quedado los pueblos relegados a las labores tradicionales, muy loables y dignas de protección, pero evidentemente insuficientes para el desarrollo equilibrado de cualquier comunidad humana moderna.

Hasta ahora, vivir en una gran ciudad ha sido símbolo de modernidad, de progreso, de desarrollo o de cultura, pero esto debería cambiar en las sociedades modernas postindustriales y tecnológicas que van a surgir de la superación de la crisis que nos afecta hoy en día. Estoy convencido de que está a punto de surgir una corriente de gente preparada, con inquietudes y espíritu emprendedor, que va a llevar a cabo una revolución rural que convertirá al campo en protagonista de progreso junto a las ciudades.

Si no nos planteáramos llevar a cabo algo parecido a lo propuesto en los párrafos anteriores, lo que estaríamos haciendo, no es otra cosa que tratar de prorrogar el actual modelo, permitiéndole pervivir un poco más, de modo que en nuestros hogares ahorrásemos en calefacción, los automóviles que utilizásemos contaminaran menos y pudiésemos recoger a nuestros hijos del colegio más a menudo. Sin embargo, y a pesar de todos estos avances, seguiríamos viviendo a dos horas de nuestro trabajo, continuaríamos haciendo poca vida familiar y para disfrutar de la naturaleza nos deberíamos trasladar a un "parque temático" en el que nos explicaran sus excelencias desde un "vehículo ecológico".

¿Queremos esto realmente?, ¿deseamos prorrogar la vida de este modelo?, ¿o, por el contrario, preferimos encajar todas estas piezas del rompecabezas en un esquema nuevo y superador del actual?

Yo, personalmente, creo que, lo queramos o no y gracias a los avances que se están produciendo, vamos silenciosamente hacia otras formas de organización social que nos permitirán vivir mejor y poder competir con las economías emergentes a la vez que nos liberamos de muchas de las actuales servidumbres.

En este sentido, y aun siendo consciente del grado de utopía que puedan contener estas consideraciones, me atrevo a pensar que las tensiones y contradicciones que ya se están dando en relación con el uso del territorio, nos tienen que llevar, poco a poco, a superar esta situación caracterizada por la asignación de compartimientos estancos entre los diferentes usos del mismo. No es lógico que haya ciudades para dormir, ciudades para trabajar, ciudades para el ocio y parques de naturaleza cuando en la mayoría de los casos no debería haber ningún problema en que el trabajo, la residencia y la naturaleza convivieran. Sin embargo, en la actualidad tenemos un país con media docena de aglomeraciones urbanas, varias docenas de reservas naturales y el resto del territorio casi vacío, subvencionado y con serios problemas de viabilidad.

Por otra parte, también se están dando cambios en la organización del trabajo que tímidamente se va reorientando, de modo que no sea necesario medir el desempeño de las personas por las horas que pasen en una oficina, porque por un lado el uso cotidiano de las telecomunicaciones, el trabajo por objetivos y la asunción de mayores cuotas de responsabilidad por parte de los trabajadores permitirá desarrollar una labor profesional mucho más eficiente sin tener que acudir diariamente a centros de trabajo distantes, radicados en los centros urbanos, lo que ahorrará tiempo y dinero en beneficio de la empresa y de los trabajadores.

En definitiva, los estrangulamientos del modelo actual nos deberán llevar a abandonar ciertas inercias y empezar a aprovechar recursos hasta ahora poco utilizados y liberar otros de las presiones a que se ven sometidos, sobre todo, en determinadas zonas urbanas. Ahora bien, esta tendencia deberá ser facilitada y tutelada por la Administración ya que, al ejercer una influencia tan fuerte sobre la ordenación del territorio y el mercado laboral, puede favorecer o dificultar este proceso.

Habría que definir qué ciudades y pueblos queremos e ir hacia ellos para que cada año tuviéramos un entorno un poco mejor. Invirtamos en derribar lo obsoleto, lo caduco, lo que afecta más al medio natural y realcemos y mejoremos lo que merezca la pena. Rehabilitemos las ciudades y los pueblos, construyamos parkings, plazas, paseos y parques. Dejemos un poco de lado las autopistas y construyamos carriles bici de verdad, seguros y agradables, y no meras coartadas electorales. Mejoremos las carreteras comarcales que conectan los pueblos. Hagamos depuradoras y colectores, alejemos el tráfico y busquemos alternativas de transporte público para librarnos del ruido.

A lo largo de décadas, y atraídos por las oportunidades que las ciudades nos ofrecían, nos hemos apiñado en torno a núcleos relativamente pequeños y carentes de las infraestructuras necesarias, lo que nos ha empujado a prescindir de aceras, bulevares y plazas, y cuando ya no podíamos vivir allí, nos hemos trasladado a las afueras, dejando los viejos barrios al albur del olvido y la degradación. Deberíamos pararnos a pensar qué queremos y actuar con procesos ambiciosos de rehabilitación integral de barrios, aplicando la piqueta en donde sea necesario y la reconstrucción en la mayoría de los casos, dotando de servicios a los barrios, armonizando edificios y calles, de modo que, a medio plazo, podamos vivir en la ciudad que nos hubiera gustado habitar.

Esto mismo se puede, y se debe hacer, en el mundo rural. Tenemos 8.000 municipios, la mayoría de los cuales languidece, poco a poco, por falta de población cuando hoy en día con la revolución tecnológica, mucha gente se podría liberar de la esclavitud del trabajo presencial y conciliar una actividad profesional con el disfrute de una vida más próxima a la naturaleza a la vez que evitamos la pérdida de valores y costumbres tradicionales, terminamos con el abandono del campo y ensayamos nuevos modelos de desarrollo económico y social que nos hagan más felices.

Lo que, quizás, nos deberíamos replantear es que para remediar la situación a la que hemos llegado, debamos huir hacia adelante, construyendo túneles y autopistas que nos permitan atravesar las ciudades sin detenernos, palacios de congresos, líneas de alta velocidad, macro estaciones, aeropuertos y un sinfín de instalaciones que, si bien nos pueden proporcionaran mejores condiciones de vida, en muchas ocasiones nos empujarán hacia el abismo del despilfarro, la deuda y la destrucción de nuestros activos ambientales.

30 NOV 2015

## 44

# LOS ÁRBOLES PARA LA TIERRA

Todos los años desde 1970, y sobre todo desde que en 2009 Naciones Unidas lo designase oficialmente, cada 22 de abril se celebra el Día de la Tierra con objeto de que, al menos por un día, todos los habitantes de nuestro planeta nos paremos a pensar en la necesidad de proteger el entorno en el que vivimos de la contaminación, la superpoblación, la extinción de la biodiversidad o el abuso de los recursos naturales, entre otras amenazas.

Este año, se ha elegido como tema central la protección de los árboles, por su indiscutible importancia para el mantenimiento de la vida en la tierra, y la decisión es verdaderamente acertada. Gracias a ellos, nos proveemos del oxígeno necesario para respirar y de las materias primas con las que calentarnos y construir muchos de los ingenios que nos han permitido evolucionar como especie, pero además constituyen el refugio de gran parte de la biodiversidad, protegen nuestros suelos de la erosión, garantizan la calidad del agua que bebemos y representan, a pesar de los adelantos tecnológicos, el medio de vida de multitud de comunidades.

Sin embargo, siendo todo esto cierto, el objetivo de este artículo no es, ni mucho menos, analizar la conveniencia de celebrar este día ni tampoco corroborar las bondades que proporcionan los árboles al entorno y a la humanidad. El interés que me mueve a escribir estas líneas no es otro que compartir con mis lectores una triste constatación: No protegemos suficientemente los árboles porque no los amamos, y no lo hacemos porque no los conocemos.

Para la mayoría de la población española, habitantes de un mundo urbano sobrevenido, los árboles no son otra cosa que el decorado de autopistas y carreteras, sin otra función que la de un vago ornato o una leve distracción en un paisaje muchas veces árido y monótono. Desconocen y, además, no les interesa a qué familia pertenecen, cuándo pudieron nacer, qué vieron sus copas, a veces centenarias, y quién vive todavía de ellos. Y ante tanto desconocimiento, cuando no desprecio, ¿qué podemos esperar?

Por otra parte, los responsables públicos, con notables excepciones, banalizan la importancia de nuestros compañeros de escenario vital, y amparándose en la importancia real de éstos, utilizan magnitudes aparentemente importantes para calmar conciencias propias y extrañas. No es raro escuchar que se han repoblado varios miles de metros cuadrados de tal o cual especie, como si eso fuera algo extraordinario, cuando lo que verdaderamente se está haciendo es plantar poco menos que un estadio de fútbol. Tampoco es inusual que se informe de la plantación de miles de ejemplares de una determinada especie autóctona, sin advertir que la mayoría de los plantones se perderán, porque es ley de vida y porque, además, no se van a poner los medios para que no sea así.

Por todo esto, para que efemérides como el día la tierra, el del árbol o el de los bosques tengan verdadero sentido, debemos empezar por dar a conocer los árboles a los niños, enseñarles a distinguirlos y ponerlos en contacto con ellos para que vean y vivan el bosque, comprendan como nacen, cuánto tardan en crecer, quién vive de ellos y cómo todo se interrelaciona entre sí, y de esta manera aprendan a amarlos y sean conscientes de su importancia.

En cuanto a los responsable públicos, a los que en celebraciones como la que nos ocupa, se les llena la boca de elogios al Medio Ambiente, a los árboles y a los bosques, les pediría que repartiesen ese entusiasmo a lo largo de todo el año y, además de utilizar el lenguaje y las cifras con más rigor y honestidad, decidieran abordar con energía y seriedad las políticas forestales,

tan frecuentemente relegadas en el océano de minis-
terios y consejerías de agricultura, y apoyasen a quienes con su esfuerzo han mantenido y mantienen un
patrimonio natural que reporta multitud de beneficios
a toda la sociedad, aunque los desconozcan e incluso
desprecien.

26 ABR 2016

# 45

# COLABORACIÓN PÚBLICO PRIVADA

El origen del debate entre la conveniencia de lo público y lo privado se pierde en la noche de los tiempos. No es objeto de este artículo analizar el origen de esta aparente dicotomía, sin embargo, tengo el convencimiento, con el debido respeto a Rousseau, de que el ser humano, desde que empezó a configurarse tal como lo conocemos hoy, debió de darse cuenta de que algunos aspectos de su vida debían de ser gestionados por un ente colectivo familiar, en un principio, que posteriormente, y de forma paulatina, fue evolucionando hacia una incipiente y primitiva sociedad. Por el contrario, otros temas, más relacionados con sus esferas más íntimas de actuación, seguramente, prefirió que fuesen ejercidos individualmente por cada uno de los componentes del grupo.

El ser humano, a diferencia de los animales, se caracteriza, entre otras cosas, por un sentimiento profundamente arraigado de libertad. Un rasgo definitorio del hombre es su necesidad de ejercer su libre albedrío y, en consecuencia, vivir su diferencia voluntaria y conscientemente, de modo que ninguna instancia superior le diga en esos determinados aspectos lo que tiene que hacer, si bien es cierto que a lo largo de la historia no han faltado ejemplos en los que, bien el poder político, bien el religioso o ambos lo hayan intentado.

Por esta razón, cuando en el debate político se enconan las posiciones entre lo público y lo privado, y los representantes de las diferentes facciones se atrincheran en un bando u otro, lo que hacen es ir en contra de esa esencia dual del ser humano que por una parte, es social y colectivo y necesita de la colaboración de sus semejantes, y por tanto de lo público, para poder sobrevivir; y por otra, es un ser individual y libre, distinto de todos sus demás congéneres, que se realiza como persona en la medida que puede ejercer su individualidad personal y económica.

Y esa dualidad público-privada alcanza todos los ámbitos de la vida. Por este motivo, la comunidad, es decir lo público, debe generar un entorno que garantice la viabilidad de la sociedad y procure unos mínimos de justicia, equidad y dignidad. Pero también es imprescindible que permita la existencia de amplios márgenes de libertad a la acción del individuo para que, con su esfuerzo, su ilusión y su coraje, ocupe todos aquellos espacios a donde lo público no llega y complemente o supere los objetivos de la acción social a la vez que crece como persona.

En esta colaboración entre lo público y lo privado, el Medio Ambiente no puede ser una excepción. El estado, en sus diferentes niveles, puede y debe intervenir, pero lo que no tiene que hacer es intentar regular todos y cada uno de los aspectos ambientales y, menos aún, ejecutar la gestión de los mismos, y no sólo por lo que de intromisión en la esfera particular de las personas supondría, sino que también por la ineficiencia a la que se vería abocada su intervención. Por el contrario, en mi opinión, los poderes públicos, cada uno en su ámbito de competencias, deberían establecer unas reglas de juego claras y sencillas que permitiesen que los diferentes actores sociales pudieran trabajar libremente para conseguir un aprovechamiento sostenible de los recursos desde el punto de vista social, ambiental y económico, y, como consecuencia, se favoreciese que la conservación del entorno fuese beneficiosa tanto para el propio planeta y la sociedad como para los que utilizando sus recursos colaboran en su conservación.

Es muy gráfico, y todo el mundo comprende, el principio: "el que contamina paga". Nadie duda de que los poderes públicos puedan exigir una compensación a todo aquel que daña el Medio Ambiente. Sin embargo, no es tan frecuente que se paren a pensar cómo se podría favorecer a quien, lejos de perjudicarlo, contribuye a su recuperación, conservación o mejora. En este sentido, sería de suma importancia que las Administraciones Públicas, asumiendo decididamente que se debe ayudar al que conserva, se alineasen con el sector privado en pos de unos objetivos claros para que ámbitos como el de la agricultura, la ganadería, el forestal, el agua, el turismo rural, la caza o la gestión del patrimonio histórico y cultural se puedan poner a trabajar, más aún si cabe, en beneficio de nuestro entorno.

10 MAY 2016

# 46

# EL BOSQUE NO SOLO ES MADERA

Dependiendo de que seamos habitantes de una gran ciudad o de que vivamos más cerca del mundo rural, solemos percibir el monte, casi exclusivamente, como proveedor de paisaje o como fuente de madera. Sin embargo, a poco que se reflexione sobre los beneficios que el bosque puede proporcionarnos tanto los "urbanitas" como los que moran en pueblos y aldeas no tardarían en percatarse de que un bosque bien gestionado ayuda a proteger el suelo, colabora a mantener la biodiversidad, de que gracias a él mejora la calidad del aire y que su presencia, sobre todo en las cabeceras de las cuencas fluviales, es fundamental para evitar las avenidas y mejorar la calidad del agua.

La mayoría de los beneficios, más arriba apuntados, tienen un carácter intangible y no por ello son menos importantes, sin embargo, a lo largo de las siguientes líneas me gustaría centrarme en media docena de beneficios económicos directos que además de poder contribuir a la explotación sostenible del monte en su faceta social y económica, generando empleo y riqueza, no sólo no tienen por qué perjudicar el medio natural, sino que, incluso pueden protegerlo y mejorarlo.

No cabe duda de que es imprescindible respetar escrupulosamente nuestro entorno y velar por la conservación de los diferentes recursos naturales que alberga. Ahora bien, la humanidad no se puede permitir el lujo de no aprovechar unos recursos, renovables y saludables, en su propio beneficio y con el objetivo fundamental de que más gente viva mejor.

En este sentido, me atrevo a mencionar actividades económicas ligadas al monte que, sin embargo, no están relacionadas directamente con la explotación de la madera. En primer lugar, me quiero referir a la explotación de las resinas naturales que, tras décadas de abandono, se vuelven a extraer de los *pinus pinaster* en amplias zonas de Castilla; también a la industria corchera, antaño boyante y hoy en día con serios problemas de viabilidad en muchas de sus empresas transformadoras; tampoco nos podemos olvidar del piñón, de la trufa, de las explotaciones micológicas, poco o nada reguladas, de la caza o de las múltiples variantes del turismo y el ocio.

Estas actividades fijan población al medio rural, generan empleo y riqueza en zonas donde no los hay y contribuyen a la conservación del recurso forestal, manteniendo limpio el monte, y por tanto protegido de los incendios. Es incuestionable que cuando a cualquier recurso se le dota de un valor económico, se favorece su cuidado y conservación y en consecuencia se produce una mejora y un incremento de la producción, entrando en un círculo virtuoso.

Ahora bien, la explotación de los recursos propuesta no se puede hacer de cualquier modo y a costa de todo. Se deben regular, sin asfixiar, las actividades productivas y se tiene que proteger la titularidad de esos bienes para que el propietario se implique en su gestión. De lo contrario, el furtivismo y la técnica de tierra quemada impedirá una explotación racional y sostenible, en el tiempo, de unos recursos que periódicamente son esquilmados por gente ajena a ese entorno que queremos proteger.

Por último, sería muy importante que estas explotaciones no sólo se modernizasen y se incardinaran, en la media de lo posible, en la era tecnológica, sino que, sobre todo, rebasasen el umbral tradicional de la mera obtención del recurso y diesen el salto a su procesamiento y trasformación, de modo que la riqueza que de por sí producen se pudiese multiplicar en aquellas regiones donde se generó.

29 JUN 2016

# 47

# SI NO TIENES PUEBLO NO ERES NADIE

Hubo un tiempo en el que, medio en serio medio en broma, siempre que surgía la ocasión me aventuraba a decir que en Madrid, quien no tenía pueblo no era nadie, y a fuerza de repetirlo, una y otra vez, llegué a convencerme de la veracidad de este aserto. Exageraciones aparte, las ciudades modernas, diseñadas en estudios asépticos y construidas de espaldas a quienes las han de habitar, son espacios sin alma y sin barro, en los que es prácticamente imposible que germine semilla alguna y menos aún que alguien pueda echar raíces.

A pesar de la cantidad de recursos que consumen los exiguos espacios "naturales" que adornan muchas de nuestras ciudades, son efímeros remedos de naturaleza, insuficientes para que podamos interactuar mínimamente con los factores que nos modelaron como especie. Por eso, si queremos no ser un mero eslabón, una pieza de un engranaje en una sociedad que no comprendemos del todo y deseamos sentirnos algo más protagonistas de nuestro paso por este mundo, deberemos escabullirnos del entorno urbano y fundirnos con el mundo rural, mucho más próximo a nuestro origen.

Ahora bien, tener pueblo no es lo mismo que ser de pueblo, de haber nacido allí, de haber convivido estrechamente con personas, animales y plantas, de haber colaborado en las labores del campo, de haber ayudado a traer la vida y haber tratado de cerca con la muerte.

En mi caso ni soy de pueblo ni he tenido un verdadero pueblo, lo que no ha sido óbice para haber mantenido una relación más o menos intensa con algunos de ellos, aunque haya sido de una forma parcial, discontinúa y en cierto modo infiel, ya que mi amor por el medio rural siempre fue sucesivo cuando no compartido. Pero a pesar de todo, esa breve convivencia marcó tanto mi vida que gran parte de lo que siento y muchas de mis aficiones tienen su origen en ella.

También es verdad, que a pesar de la influencia que pueda tener el entorno natural en nosotros, la mayoría de nuestros recuerdos, y sobre todo los más gratos, suelen coincidir con el verano tanto por ser la época del año con más luz y en que con más facilidad se impresiona la película de nuestra memoria como por corresponderse, en la mayoría de los casos, con los periodos vacacionales en los que con mayor libertad y autonomía nos movíamos.

Sea cual sea la importancia de los factores, el caso es que nuestras vidas están en gran parte informadas por esos primeros momentos transcurridos con más intensidad y libertad en contacto con la naturaleza, por eso en mi opera prima "Pinceladas rurales de un niño de ciudad" los acontecimientos que en ella se suceden y que suponen la arqueología de mis recuerdos están integradas por escenas estivales con fuerte impronta rural.

Por otra parte, y sin perjuicio de las consideraciones plasmadas en los párrafos anteriores, siempre he tenido una clara inclinación por los pequeños pueblos castellanos que ya conocí tras los estragos que en ellos estaba causando la emigración, pero en los que todavía se adivinaba un modo de vida sencillo, a la par que duro, en el que el contacto con la naturaleza era permanente, la solidaridad presidía las relaciones humanas y la familia, en su sentido más amplio, estaba siempre presente y dispuesta a echar una mano.

También siento cierta curiosidad por una forma de vida, vislumbrada quizás a través de la obra de Miguel Delibes, presidida por el respeto y la admiración que se profesaba a los mayores y la naturalidad con que se encaraban los diversos aspectos de la vida desde los más atractivos y efervescentes hasta los más penosos como la enfermedad, la soledad, la vejez o incluso la muerte y, ¡cómo no!, la relación que se establecía con un entorno en el que apenas había objetos, pero en el que abundaban los seres vivos que, además de aliviar las fatigas de sus amos con su trabajo, eran verdaderos amigos y compañeros de juegos y andanzas.

Tampoco me puedo olvidar de las viejas profesiones: del herrero en la fragua, martilleando el metal sobre el yunque; del resinero recorriendo los pinares en pos de la miera; de los pastores de a pie, tras las ovejas o de los otros montados en su borriquillo, flanqueando sus reses; y de tantas otras que van desfilando por cada uno de los capítulos que conforman la mencionada obra.

Recobrar aquel tipo de vida es poco menos que utópico, pero mantener el cordón umbilical que nos vincula con la tierra de la que procedemos es posible y es mi propósito, al igual que han hecho otros, dejar un pequeño testimonio de lo que vi, para que los que vienen detrás puedan valerse de él y tengan la posibilidad de plantearse vivir de otra manera, a caballo entre lo que eran aquellos tiempos y esos pueblos y lo que tenemos ahora, tomando lo bueno de ambos mundos y superando y dejando de lado lo peor de cada uno de ellos.

03 OCT 2016

# 48

# BIOECONOMIA FORESTAL
# Y ECONOMIA CIRCULAR

Cada vez con mayor frecuencia, el sector ambiental se nutre de nuevos términos que, en cierto modo, tratan de tomar el relevo a otros tantos que han perdido, o están a punto de hacerlo, su significado original como consecuencia del abuso que se hace de ellos. Parece que, en este mundo global, las palabras, al igual que los objetos, tienen la obsolescencia programada en origen y que ésta es cada vez más precoz.

En este momento, el término emergente es bioeconomía, que más que nacer se rescata del olvido, porque ésta siempre ha existido. Por tanto, mi propósito, a la hora de dar a la luz este artículo, no es tanto definirla y defender lo que ha sido a lo largo de la historia como intentar convencer a todos los que se acerquen a este foro de que es la garantía de continuidad de la actividad económica y el progreso de la humanidad.

Como es obvio, la solución no estriba en una vuelta radical y naif a la situación pre industrial. Todo lo contrario, la bioeconomía moderna debe mirar al futuro.

Comprendiendo los procesos biológicos, aprovechando los conocimientos científicos y aplicando la razón, podremos contribuir al desarrollo de una nueva economía basada en un sistema productivo más eficiente, más limpio y, por ende, más sostenible, de manera que se satisfagan nuestras necesidades actuales sin comprometer las de las generaciones futuras.

Ahora bien, dentro de este esquema, en esta ocasión me quiero centrar en el componente forestal de la bioeconomía, y no sólo porque este sector suponga la principal infraestructura biológica de la Unión Europea o porque ocupe más de la mitad de la superficie española, si no que porque supone un recurso renovable clave, solidario y resilente, que nos brinda la oportunidad de repensarnos el concepto de economía y cambiar, de una vez por todas, el paradigma de la economía lineal por el de la economía circular.

Pero, además de la dimensión filosófica de este concepto, que someramente acabamos de abordar, su aplicación práctica se podría poner en marcha en un plazo muy corto, entre otros, en los siguientes sectores:

- Construcción.- La utilización de madera y corcho, en sustitución de aceros y hormigones, implicaría un considerable ahorro energético y de recursos, así como una considerable disminución de la contaminación.

- Textil.- La sustitución de fibras sintéticas o incluso vegetales por otras derivadas de la biomasa forestal se traduciría no sólo en la no utilización de derivados del petróleo, sino que también en la liberación de suelo agrícola fértil que se podría destinar a la producción de alimentos para una población en continuo crecimiento.

- Biorrefinerias.- El aprovechamiento de las resinas naturales, sobre todo en el sector cosmético, farmacéutico o alimentario, permitirían ahorrar su equivalente en derivados del petróleo que debemos importar. Del mismo modo la producción de biodiesel de segunda generación contribuiría a nuestra independencia energética.

Sin embargo y con ser importante lo anteriormente abordado, hay otros aspectos transversales de la bioeconomía Forestal que no se pueden obviar:

- Es un factor de inclusión social, al ser un sector extensivo en mano de obra e intervenir en ella un número mucho mayor de agentes que en la economía fósil, en manos de media docena de multinacionales.

- Constituye un elemento de desarrollo territorial, al emplear un recurso relativamente homogéneamente distribuido por toda la geografía nacional.

- Es un catalizador de la biodiversidad. A mayor gestión forestal, mayor biodiversidad.

- Interviene muy positivamente en la gestión del agua, contribuyendo no sólo a su calidad y cantidad, sino que también al mantenimiento de las infraestructuras.
- Actúa como amortiguador del cambio climático, al ser el bosque uno de los principales sumideros de carbono.
- Es un elemento coadyuvante del turismo, tanto interno como internacional, al constituir gran parte de los paisajes en los que se lleva a cabo dicha actividad.
- En los espacios forestales bien gestionados, apenas hay incendios y cuando estos se producen son sofocados rápidamente.

En resumen, podemos decir que a partir de la biomasa se puede producir lo mismo que a partir del petróleo y que en España tenemos una cantidad ingente de recursos forestales homogéneamente distribuidos por nuestra geografía y disponemos de la tecnología necesaria para sacar el máximo provecho ellos, por lo que para que esa bioeconomía forestal ocupe el puesto que se merece, tan sólo le falta el impulso político y el desarrollo normativo estable que permita ponerla en funcionamiento.

10 FEB 2017

# 49

# ¿QUIÉN PAGA LOS SERVICIOS QUE PROPORCIONA EL BOSQUE?

Cada una de las personas que habitan nuestro planeta consume anualmente el oxígeno que producen aproximadamente 10 árboles. Esto implica, sin lugar a dudas, que las sociedades en cuyos países no hay árboles están en deuda con las que sí los tienen. Por ejemplo, América latina o el África tropical proporcionan ingentes cantidades de oxígeno a los países productores de petróleo del Golfo Pérsico, que se enriquecen con la venta de un recurso que, además, deteriora el entorno, y todo ello sin pagar nada a aquellos que les proporcionan con qué respirar.

Si descendemos a nivel nacional, o incluso regional, nos encontramos con el mismo caso. Los habitantes de las ciudades consumen el oxígeno que producen las zonas forestales, sin dar nada a cambio. El sector forestal permite que las ciudades se desarrollen y crezcan ante la indiferencia, cuando no desprecio, de los responsables públicos.

Este ejemplo debería bastar para convencer a aquellos que nos administran de la importancia de los bosques y en consecuencia actuasen valorando y compensando a sus titulares por el servicio que prestan a la sociedad. Pero con ser importante este aspecto, no podemos olvidar otros muchos que, sin ánimo de ser exhaustivos, pasamos a enumerar a continuación:

- Los árboles constituyen uno de los principales sumideros de $CO_2$, precisamente el gas de efecto invernadero que produce el medio urbano y la industria, colaborando a frenar el efecto invernadero y el cambio climático.

- Los entornos forestales son fundamentales en la gestión del ciclo integral del agua, contribuyendo no sólo a la cantidad y calidad de este elemento, sino que también a la defensa de las infraestructuras y muy especialmente a las hídricas propiamente dichas, evitando la colmatación de los embalses como consecuencia de la erosión, por ejemplo.

- Los bosques producen paisajes de altísima calidad, base de gran parte de la actividad turística y del esparcimiento de los habitantes de las ciudades y de todos aquellos que nos visitan.

- El monte es uno de los principales factores reguladores del clima y del mantenimiento de la biodiversidad.

- En una sociedad eminentemente urbana, la silvicultura genera empleo y fija población en el medio rural, favoreciendo el requilibrio territorial y el manteni-miento de culturas y tradiciones seculares.

- Todo esto, sin contar con que el bosque es, además, fuente intrínseca de riqueza, tanto procedente de la madera como de otros muchos productos, como castañas, piñas, setas, trufa, caza, resina, corcho, etc.

Por estas y por otras muchas más razones, el monte debería ser objeto de un tratamiento muy especial por parte de las Administraciones Públicas, que reconociese explícitamente los servicios que presta a la sociedad y, en consecuencia, los valorase y retribuyese. Del mismo modo que el contamina paga o incluso repara, el que crea valor debería ser recompensado. Esto significa que no debe bastar con tratamientos fiscales favorables, que también, sino que, además, se tendría que pagar por el $O_2$ generado, el $CO_2$ secuestrado o el agua captada.

Sin embargo, hoy en día se da la paradoja de que no sólo no se recibe apenas nada a cambio de los beneficios producidos, si no que se discute, incluso, su titularidad. Todo el mundo se cree con el derecho a penetrar en los espacios forestales y extraer sus recursos gratuitamente, sin embargo, y sólo por poner un ejemplo, a nadie se le ocurriría entrar en una huerta y hacerse con las lechugas o los tomates que se están cultivando, sin tener, al menos, el sentimiento de no estar obrando bien.

¿Por qué se penaliza a aquellos que tienen el coraje de invertir en naturaleza? De seguir las cosas así, nadie invertirá en el medio forestal, los bosques se abandonarán y el poco capital que queda en ellos se irá a la bolsa o al ladrillo. ¿Es eso lo que queremos? O mejor dicho ¿Es eso lo que necesitamos?

29 MAR 2017

# 50

# LOS INCENDIOS FORESTALES
# SE APAGAN EN INVIERNO

Con el verano llamando a la puerta, se inicia la época del año con más riesgo de incendios. A partir de ahora, raro será el día en el que los medios de comunicación no hagan referencia a alguno de ellos, haciendo alarde de los medios que se han puesto en funcionamiento para extinguirlo, probablemente con notable éxito.

Sin embargo y sin desmerecer la labor de las personas que, por cierto, en muchas ocasiones se juegan la vida en ello, creo que es el momento de recordar a todos que muchos de los fuegos que se van a iniciar en las próximas semanas se podrían haber apagado durante el invierno.

Parece un juego de palabras o un chiste fácil, pero no lo es en absoluto. Cuando prende la chispa es incuestionable la necesidad de aplicar todos los medios, humanos y materiales, a su extinción, pero ¿cuántas veces nos preguntamos a lo largo del año ¿qué podemos hacer para que no se de esa circunstancia o si se materializara, minimizar sus consecuencias?

Es evidente que no las suficientes, porque cada año se producen más siniestros, si bien con el paso de los años se atajan antes y las hectáreas calcinadas son menos. Esto, no obstante, no debe complacernos. Por el contrario, debemos trabajar para evitar cualquier conato, por pequeño que sea.

En este sentido me atrevo a hacer un repaso de las medidas que a mi juicio podrían coadyuvar a la prevención del fuego en verano:

En primer lugar, con carácter general y sin menoscabo del presupuesto que las diferentes Administraciones emplean en la extinción, sería conveniente crear partidas presupuestarias específicas para la prevención, aparte de las que comprenden al personal de extinción, para las épocas en que no hay peligro.

En mi opinión, sería prioritario aplicar esas sumas a fomentar la actividad económica en el sector forestal, de modo que los propios interesados, al realizar esa actividad, limpien el monte, y velen por la salvaguarda de su medio de vida. El ganado, los resineros, los piñeros, los castañeros y en general todo aquel que vive del monte lo cuida, evita que se prenda y cuando lo hace lo apaga antes de que adquiera grandes proporciones.

Además de la explotación de productos no maderables, es importante promover la propia explotación maderera del bosque, lo que lejos de mermar su cali-

dad, cuando se hace planificádamente y bajo parámetros de sostenibilidad, la incrementa a la vez que lo
mantiene limpio y controlado.

Por otra parte, dado el carácter descentralizado de
nuestro país, sería de gran ayuda homogenizar y sis-
tematizar las labores que llevan a cabo las diferentes
CC.AA., la Administración General del Estado y la
Administración Local, tanto en la extinción como en
la prevención de este tipo de siniestros, lo que implicaría importantes sinergias. En esta línea sería muy
recomendable la elaboración de planes de prevención
y extinción de incendios, especialmente, en aquellos
municipios donde el riesgo sea mayor.

Y por supuesto nunca se deberían olvidar la formación y la información en esta materia a lo largo de todo
el año y no sólo cuando las llamas nos apremian.

Conclusión: no nos acordemos de Santa Bárbara
sólo cuando truene y pensemos más en el futuro, para
prevenirlo y que éste no nos sorprenda o, mejor dicho,
no nos abrase.

29 MAY 2017

# EPÍLOGO

Este libro se compone de medio centenar de artículos, escritos todos ellos a lo largo de los últimos siete años. Los temas que se abordan, se me ocurrieron espontáneamente y en las más diversas circunstancias. Alguna vez constituían la respuesta, un poco más elaborada, a una discusión inacabada. En otras ocasiones eran fruto de una idea fugaz, atrapada por mi cerebro según conducía camino del trabajo. Tampoco faltan artículos que en su momento constituyeron el complemento a mi actividad laboral, unas veces en la escuela de negocios donde dirigía un master de Medio Ambiente y otras en algunas de las franquicias del grupo empresarial en el que trabajé durante esos últimos años.

Estas circunstancias han propiciado que la obra carezca de una cuidada sistemática o que en algún momento falte un hilo conductor nítido que lleve de la mano al lector a través de un argumento más o menos atractivo. Soy consciente de ello y aun así no lo he querido remediar. Por el contrario, he mantenido el criterio cronológico, prescindiendo únicamente de las versiones en inglés de algunos de los artículos y de las entrevistas.

Una vez acotado el trabajo, mi labor consistió en repasar cada uno de los capítulos. Corregí muchas más faltas de las que creía haber cometido y, sin embargo, no alteré la redacción de ninguno de ellos, a pesar de lo complicado de algunos de sus párrafos, porque el objetivo de esta recopilación no es su difusión y a mí me sirve perfectamente tal y como está.

Por último, no puedo acabar esta breve reflexión sin confesar un sentimiento agridulce. Tras terminar de revisar la obra, y por tanto de leer por primera vez todos los capítulos, uno detrás de otro, constato que, si bien la preocupación por nuestro entorno ha aumentado, simultáneamente las agresiones a las que se ve sometido son mayores. Además, los espacios urbanos crecen cada vez más, lo hacen de forma agresiva y a costa de la naturaleza. Y, por otra parte, los lugares de mayor valor ecológico son convertidos en parques temáticos mientras el mundo rural tradicional es abandonado y cae progresivamente en el abandono, el deterioro y el olvido.

www.ingramcontent.com/pod-product-compliance
Lightning Source LLC
Chambersburg PA
CBHW022332280326
41934CB00006B/603